中國網路教育導論

主　編 李　杰
副主編 李自利、高婷婷

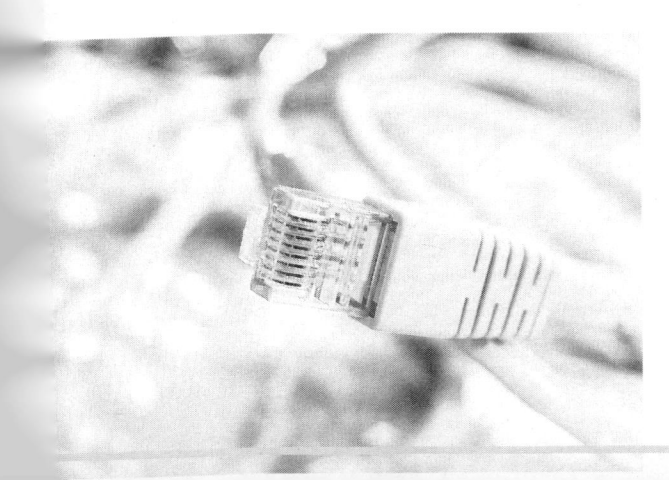

財經錢線

前 言

　　全書共分為六章：第一章網絡教育概論，內容包括介紹什麼是網絡教育，網絡教育國內外發展歷史，網絡教育質量保證，網絡教育特點和教學模式、對學生要求等；第二章介紹了西南財經大學以及學校網絡教育的基本情況；第三章為網絡教育學習介紹，主要介紹學前準備，如何選課、約考、重修，如何進行課程學習，如何參加課程考核及畢業設計等內容；第四章為統考、畢業及學位，主要介紹統考的相關流程，畢業的相關事項以及學位外語考試相關規定及學位申請的條件和程序；第五章為學生事務辦理，主要介紹免修、轉專業、轉學習中心、退學、休學、復學、個人信息變更及非學歷轉學歷教育等內容；最後的政策附錄部分收錄了學籍管理、網絡教育統考及免考的相關政策規定。

　　本書內容簡明扼要，言簡意賅，學生容易理解和接受，能夠有效地幫助學生全面瞭解網絡教育相關知識，提高學生學習興趣及效率，取得更良好的學習效果。

　　在本書的編寫過程中，得到了唐旭輝研究員的指導和大力支持，在此致以誠摯的謝意。

編者

目 錄

1 網絡教育概論 ………………………………………………… (1)
 1.1 什麼是網絡教育 ………………………………………… (1)
 1.2 國內外網絡教育的歷史沿革和現狀 …………………… (2)
 1.3 中國網絡教育的國家要求 ……………………………… (4)
 1.4 中國網絡教育的質量保證 ……………………………… (5)
 1.5 網絡教育特徵 …………………………………………… (9)
 1.6 網絡教育模式 …………………………………………… (11)
 1.7 網絡教育對學生的學習要求 …………………………… (13)

2 學校及學院簡介 ……………………………………………… (15)
 2.1 西南財經大學簡介 ……………………………………… (15)
 2.2 學校師資隊伍概況 ……………………………………… (17)
 2.3 繼續（網絡）教育學院簡介 …………………………… (18)

3 網絡教育學習介紹 …………………………………………… (21)
 3.1 學前準備 ………………………………………………… (23)
 3.2 選課、約考及重修 ……………………………………… (29)
 3.3 課程學習 ………………………………………………… (34)
 3.4 考核及畢業設計 ………………………………………… (41)
 3.5 移動學習 APP …………………………………………… (55)

4 統考、畢業及學位 …………………………………………… (60)
 4.1 統考 ……………………………………………………… (60)
 4.2 畢業 ……………………………………………………… (79)
 4.3 學位 ……………………………………………………… (84)

5 學生事務辦理 ·· (88)
    5.1 免修 ·· (88)
    5.2 轉專業 ··· (90)
    5.3 轉學習中心 ·· (90)
    5.4 退學 ·· (91)
    5.5 休學及復學 ·· (92)
    5.6 個人信息變更 ··· (92)
    5.7 非學歷轉學歷教育 ··· (93)

參考文獻 ··· (95)

政策附錄 ··· (96)
    西南財經大學高等學歷繼續教育學籍管理規定 ······························· (96)
    西南財經大學高等學歷繼續教育本科畢業生學士學位授予實施細則 ········ (103)
    教育部關於開展現代遠程教育試點高校網絡教育部分公共基礎課
      全國統一考試試點工作的實施意見 ··· (105)

1　網絡教育概論

　　中國共產黨十九大報告中指出：「建設教育強國是中華民族偉大復興的基礎工程，必須把教育事業放在優先位置，深化教育改革，加快教育現代化，辦好人民滿意的教育。要全面貫徹黨的教育方針，落實立德樹人根本任務，發展素質教育，推進教育公平，培養德智體美全面發展的社會主義建設者和接班人。推動城鄉義務教育一體化發展，高度重視農村義務教育，辦好學前教育、特殊教育和網絡教育，普及高中階段教育，努力讓每個孩子都能享有公平而有質量的教育。完善職業教育和培訓體系，深化產教融合、校企合作。加快一流大學和一流學科建設，實現高等教育內涵式發展。健全學生資助制度，使絕大多數城鄉新增勞動力接受高中階段教育、更多接受高等教育。支持和規範社會力量興辦教育。加強師德師風建設，培養高素質教師隊伍，倡導全社會尊師重教。辦好繼續教育，加快建設學習型社會，大力提高國民素質。」從這段話中不難看出，一是要辦好網絡教育，重點是在「辦好」上，二是舉辦網絡教育，讓優質教育資源惠及更多國民，三是促進學習型社會建設，為提高國民素質服務。什麼是網絡教育？國內外網絡教育的發展沿革如何？網絡教育和繼續教育的區別是什麼？國家對網絡教育的要求？網絡教育的質量如何保證？本章將探討上述問題。

1.1　什麼是網絡教育

　　網絡教育在英文中更多表述為 E-learning，其中 learning 是學習的意思，E 是代表電子（electronic）、網絡（network）、在線（online）幾種意思。應當說網絡教育是一種全新的教育方式。網絡教育是以學習者為主體，以計算機技術、多媒體技術、通信技術和 Internet 網絡等高新技術為主要教學手段和傳播媒體，運用圖像、文字、動畫、音頻和視頻技術相結合的一種新型的交互式教育方式。從學習者的角度來講，是相對於傳統的通過固定課堂聽取教師直接講授、面對面交流、查看紙質教材學習的一種新型學習方式或手段。從網絡教育的內容來看，既可以是學歷教育，學生可以系統地學習某一個專業的課程，符合條件後取得畢業證書；也可以是非學歷教育，學習某一個知識點、某一種新技能、某一方面新知識、某一個資格證書的培訓等許多內容。從學習者來看，包括各個年齡層次，只要有學習能力和學習願望，具有相應需要的學習資源和平臺，都可以進行學習。從教育類別上來講，網絡教育不是一個獨立的教育類別，而是一種教育形式，它可以涵蓋學校前教育、學校教育、學校後教育等所有教育類別。上述這些是網絡教育的廣義概念。

自 1998 年以來，教育部相繼批准了 67 所普通高等學校和中央廣播電視大學開展現代遠程教育試點工作，允許上述 68 所試點高校在校內開展網絡教學工作的基礎上，通過現代通信技術、多媒體技術、網絡技術，面向在職人員，開展學歷教育和非學歷教育。對達到本、專科畢業要求的學生，由學校按照國家有關規定頒發高等教育學歷證書，學歷證書電子註冊後，國家予以承認。網絡教育現在多指現代遠程教育，是伴隨著現代信息技術的發展而產生的一種新型遠程教育方式，是高等學歷繼續教育一種形式。這是狹義上的網絡教育概念，本書介紹的內容主要是基於此狹義概念。

1.2　國內外網絡教育的歷史沿革和現狀

現代遠程教育（網絡教育）的歷史可追溯至遠程教育的早期形式——函授教育，最早可以追溯到 19 世紀中葉，函授教育首先出現在近代產業革命和資本主義的故鄉——英國。其工業化的發展促進了社會對教育的需求量快速增長，對傳統教育的形式和規模提出了挑戰，並成為函授教育產生的直接動力。

1.2.1　西方國家網絡教育的歷史沿革和現狀

1. 英國

1840 年，英國的伊薩克·皮特曼首先應用函授方式教授速記，隨後的年代裡，英國各類私立函授學校和學院紛紛設立各種職業技術培訓課程。1858 年，倫敦大學建設了一批課程，供校外人員學習，學員可以選讀這些課程，並在當地參加考試。這是世界上首個大學層次的遠程教育，它將大學的教學活動推廣到校園外，直接面向公眾，更好地滿足了當時工業革命帶來的大眾學習要求。1969 年，經英國皇家特許令批准，英國開放大學得以開辦，於 1971 年正式成立。到現在，英國開放大學是英國和歐洲最大的大學，也是最具創新精神的大學，20 世紀以來，英國開放大學的教學質量一直躋身英國所有大學的前十名。目前，英國開放大學已授予 18 萬多人次學位，現有註冊學生 20 多萬人，是英國規模最大、辦學效果明顯的大學，其辦學質量已經達到國際先進水準。英國開放大學已成為一所具有鮮明特色的成人高等教育機構。

2. 美國

函授教育最早可推至 19 世紀 50 年代至 60 年代，其教育載體主要還是通過印刷教材，20 世紀 30 年代後，發展到使用收音機進行遠程的授課，直到 20 世紀五六十年代，才出現利用電視臺播出課程，學員通過收看電視節目進行遠程學習。20 世紀 60 年代以後，又出現了利用錄像機觀看錄製好的課程內容，進行自主學習的形式。值得一提的是，遠程教育的術語是在 1892 年由美國威斯康星大學首次正式提出的，所以，1892 年也成為世界上比較公認的遠程教育誕生年。現階段，美國高等教育體系是世界上最為龐大的高等教育體系，其中遠程教育又是其重要的組成部分。憑藉著美國網絡技術的雄厚基礎，以及其信息化程度在全球領先地位的不斷鞏固與發展，美國已經成為能夠成功地應用網絡媒體進行現代化遠程教育的典範之一。自 2003 年的第一份斯隆聯盟網

絡教育年度報告發布以來,美國網絡高等教育招生增長率一直高於整個高等教育領域平均的招生增長率。其配備了一流的現代遠程教育設施和網絡課件,並由專門的部門實施管理,與母體大學存在一定的附屬關係。美國高校的網絡課程幾乎都是由現存的傳統教育教學機構開設的,並且在資源、師資、管理、財務等方面依附於母體大學。專門實施遠程教育的機構在美國則較為鮮見。網絡學生的招生和管理一般是由專門的大學拓展部或者繼續教育學院來負責,但是授課教師和輔導老師則一般由各相關的全日制院系負責該課程教學的教師來擔任。市場目的性強是美國網絡教育的突出特點之一。美國大學十分注重通過產學研相結合的方式來培養當前就業市場最緊缺、最急需的人才。許多遠程培訓項目都與相關企業、工商業界和研究機構簽有合作培養協議,以利於其有的放矢地規劃和開展教培工作。例如建立在硅谷附近的斯坦福大學和周邊很多大公司都有合作項目。

3. 加拿大

1878 年加拿大的女王大學向校外生開放,1890 年則正式建立了一個校外教學系,這是加拿大遠程高等教育系統的起點。進入 20 世紀後,職業技術函授教育及中小學層次的函授基礎教育也先後發展起來。到 20 世紀中後葉,加拿大各級各類學校大都開始增設遠程教育的辦學形式。根據 1994 年的年度報告和加拿大遠程教育協會統計,加拿大約有 90 所大學或學院開展了遠程教育,在大學、學院註冊的遠程學生約 5 萬人,估計全國共有 20 萬人。在加拿大,不僅學校開展遠程教育,其他的組織機構也使用遠程教育手段進行各種培訓。20 世紀末期,加拿大開展遠程教育的有 80 個企業、17 個自願組織和社會服務機構、11 個諮詢公司、10 個工會、6 個專業協會和 18 個民間組織。

1.2.2 中國網絡教育的歷史沿革

遠程教育在中國的發展經歷了三代:第一代是函授教育,這一方式為中國培養了許多人才,但是函授教育具有較大的局限性;第二代是 20 世紀 80 年代興起的廣播電視教育,中國的這一遠程教育方式和中央電視大學在世界上享有盛名;20 世紀 90 年代,隨著信息和網絡技術的發展,產生了以信息和網絡技術為基礎的第三代現代遠程教育。

1994 年年底,在當時國家教委的主持下,「中國教育和科研計算機網(CERNET)示範工程」由清華大學等 10 所高校共同承建。這是國內第一個採用 TCP/IP 協議的公共計算機網。

1996 年清華大學王大中校長率先提出發展現代遠程教育;1997 年,湖南大學首先與湖南電信合作,建成網上大學。清華大學則在 1998 年推出了網上研究生進修課程。

1998 年 9 月,教育部正式批准清華大學、北京郵電大學、浙江大學和湖南大學為國家現代遠程教育第一批試點院校。

1999 年教育部制定了《關於發展現代遠程教育的意見》,同年 9 月,「CERNET 高速主幹網建設項目」立項,於 2000 年 12 月前完成了 CERNET 高速主幹網的建設,以滿足中國現代遠程教育需求。

2000 年 7 月教育部頒布了《教育網站和網校暫行管理辦法》,同時將現代遠程教育試點院校範圍擴大到 31 所,並頒布了《關於支持若干所高等學校建設網絡教育學院開

展現代遠程教育試點工作的幾點意見》。根據此文件，31 所試點院校具有很大的自主權，如可以自己制定招生標準並決定招多少學生，可以開設專業目錄之外的專業，有權發放國家承認的學歷文憑等。

2000 年 7 月 31 日，31 所試點高校在北京成立了「高等學校現代遠程教育協作組」，以加強試點高校間的交流與合作，促進教育資源的建設與共享。

2001 年 7 月，教育部繼續擴大現代遠程教育的試點範圍，從 38 所院校擴至 45 所，後陸續有 68 所大學進行了現代遠程教育試點。經過近 20 年的發展，試點院校已建成大量優質、開放的教學資源，建立了一批適合在職人員學習、交流、探討的教學平臺和管理系統，形成了較為完善的制度和流程體系。特別是面向在職人員的高等學歷繼續教育和非學歷繼續教育得到了長足的發展，每年通過網絡教育提升學歷的在職人員已經遠超成人函授教育，公眾每年通過在線學習系統參加形式多樣、內容豐富、精彩的在線課程學習，為終身教育體系的逐步建立起到了促進作用。

教育信息化必將促進教育現代化，網絡教育作為教育信息化的產物也會伴隨著教育技術和互聯網技術的發展持續發展。國務院於 2017 年發布了《新一代人工智能發展規劃》，明確提出要發展「智能教育」，利用人工智能技術推動人才培養模式、教學範式、教學方法改革，構建包含智能學習、交互式的開放的教育體系。今後，隨著人工智能技術和大數據技術的快速發展，將會建立更加具有針對性的以學習者為中心的在線教育學習平臺和資源服務系統，為學生提供更加符合自身需求的服務。網絡教育將會在「辦好繼續教育，建設學型社會，提高國民素質」的要求下得到更進一步的發展。

1.3 中國網絡教育的國家要求

中華人民共和國成立後，高等學歷繼續教育的發展先後經歷了以下幾個階段：①中華人民共和國成立初期，為培養國家建設的各類急需人才，舉辦工農夜校、幹部專修班；②改革開放後，函授、夜大、自考作為普通教育的補償教育先後開辦起來，為國家培養適應改革開放、經濟建設的人才；③2000 年左右，隨著教育信息化的快速發展，為回應國家高等教育大眾化和優質教育資源共享等要求，教育部陸續批准部分高校開展現代遠程教育試點，網絡教育迅速發展，高等學歷繼續教育的規模持續擴大。從高等學歷繼續教育的發展歷程中，我們不難看出：繼續教育是中國高等教育的重要組成部分，是服務社會和人民的一項事業。雖然各個時期舉辦繼續教育的方式和階段性目標不同，但都要求要正確處理好質量、規模、效益的關係，確保人才培養質量。繼續教育始終肩負著為國家培養社會主義合格建設者和可靠接班人這一歷史使命，這是所有舉辦高等學歷繼續教育的根本目標。

黨的十六大報告提出：加強職業教育和培訓，發展繼續教育，構建終身教育體系。黨的十七大報告提出：發展遠程教育和繼續教育，建設全民學習、終身學習的學習型社會。黨的十八大報告提出：積極發展繼續教育，完善終身教育體系，建設學習型社會。黨的十九大報告指出：辦好繼續教育，加快建設學習型社會，大力提高國民素質。從

報告中有關繼續教育的要求來看，有著「從發展繼續教育到辦好繼續教育」的轉變，因此，新時代繼續教育有新的歷史任務，那就是辦好繼續教育，工作重點在內涵發展、提高質量上。教育部有關高等學歷繼續教育的文件主要有以下幾個：在試點開展之初教育部出枱了《關於支持若干所高等學校建設網絡教育學院開展現代遠程教育試點工作的幾點意見》，明確提出了開展試點的目的，即「為落實《面向 21 世紀教育振興行動計劃》，推動現代遠程教育工程的進展，積極發展高等教育。」其主要任務是開展高等學歷和非學歷教育、探索網絡教學模式、建設網絡教學資源、探索網絡教育管理工作機制，明確要求：「試點學校和網絡教育學院一定要把好教學質量關，積極穩妥地推動網絡教學工作」。2002 年，教育部出枱的《關於加強高校網絡教育學院管理提高教學質量的若干意見》要求：「質量是網絡教育可持續發展的重要保證。各試點高校要根據實際情況，盡快建立本校的網絡教育質量標準，並按照本校制定的質量標準，從嚴管理，保證網絡教育學院的教學質量。」《國家中長期教育改革和發展規劃綱要》（2010—2020 年）中提出：「創新網絡教學模式，開展高質量高水準遠程學歷教育。」2016 年，《高等學歷繼續教育專業設置管理辦法》要求，各地各高校要按照成人的學習特點和教學規律，做好專業與課程體系建設，完善人才培養方案，增強人才培養的針對性和適用性，不斷提高人才培養質量。這一系列文件無不要求培養社會主義合格建設者和可靠接班人。在這一根本要求下，要探索規範可行的管理體制機制，要建立開放、適用、豐富的高質量資源，要充分利用現代技術實現教育信息化，實現教育現代化，努力構建終身教育體系，提高國民素質。

1.4　中國網絡教育的質量保證

要實現開展網絡教育的目標，最根本的環節就是要確保網絡教育的培養質量。按照經濟學的概念，質量是指提供的產品符合客觀需要的程度。站在國家和社會的角度度量網絡教育的質量，主要是看培養的畢業生是否符合國家要求和社會需要，以及受用人單位的歡迎程度。

1.4.1　影響網絡教育質量的因素

網絡教育的質量是一個模糊的概念，難以進行準確的度量和評估。那麼從教育本身來講，影響教育質量的因素是多方面的，我們認為主要包括以下五點：

第一，當前時期國家和社會需要的培養要求。也就是說，國家和社會要求培養什麼樣的人，要達到什麼樣的標準，一個合格專業人才應當學習什麼樣的專業內容，知識理論、實踐技能達到什麼樣的程度。相應專業、層次的培養目標是否符合國家與社會的要求，是保證教育質量的重點和基礎，即不同時期的質量標準與對應時期的經濟、社會、教育、文化是相適應的，具有鮮明的時代特徵，但國家和社會的要求始終是確定質量標準的基礎。

第二，教育主體的能力和水準。高等學歷繼續教育的教育主體是主辦學校，網絡

教育作為高等學歷繼續教育的一種教學方式，它的教學主體應當是開展網絡教育的主辦學校。主辦學校中從事網絡教育教學的教師，其教學水準、教學設計、教學方法，以及主辦學校建設的教學資源內容、組織方式、資源的呈現方式等都密切關係到教學效果，是保證教育的關鍵因素。

第三，實施教與學過程的有效性和規範程度。網絡教育的教學內容主要是通過現代教育技術和網絡技術傳達給學生，因此實施教學過程的渠道、平臺、交互方式是否方便、快速、全面等，也關係到教學效果的好壞。同時，主辦學校是否有完善的制度和科學的流程體系，並且是否在實施培養的過程中嚴格執行了相應的規章制度和流程體系，也都會對教學效果產生影響。如果招生亂宣傳，亂承諾，考試不規範，助學環節不落實，畢業審核不嚴格等，那麼，培養質量就是一句空話。

第四，教育客體的學習能力和學習態度。作為網絡教育的對象——學生，其學習能力的高低和學習態度的好壞直接關係到培養質量。眾所周知，任何一種教育形式，任何年齡階段，學習主體的學習能力都是影響教學效果的重要因素，教師即使採取同樣的教法、提供同樣的資源也會因為學習能力差別而導致不同的效果。因此現代教育更重要的是增強學生的學習能力，教師不可能全部掌握知識和技能，也不可能在有限的時間全部教授給學生，同時知識和技能也有時代的局限性，這就要求學生要有較強的學習能力。所以，任何一種教育類別，一方面要教授學生相應的知識和技能，更重要的一方面是培養和增強學生的學習能力，學習能力的增強會讓學生受用一生，這也才是評價一個教師教學水準高低的關鍵因素。「細節決定成敗，態度決定一切」，對於學習來講這句話同樣適用。學習者要有正確的學習目的，要始終保持積極主動的學習態度。參加網絡教育學習，是為了得過且過地得到一個畢業證書？還是通過網絡教育的學習增強自身的理論知識，提高自身的學習能力？如果是前一種思想形態，就少了主動學習、積極學習的態度和動力，要有好的培養效果，難度很大。甚至在學習過程中會投機取巧，會要求教師盡量給予方便，以便自身目的達成，這種功利性的思想反過來會影響教師教學行為主動性和上進心，影響辦學主體的教育質量提升。如果是為了學到更多有用的知識和技能，提高自身的能力，學生會選擇主動學習，學習效果會更好，同時也會倒逼教師改進教學方法，增加教學內容和資源，轉變教學範式，增強教學能力；也會迫使辦學主體不斷地探索教學流程，選擇更加優秀的師資，建設更好的教學資源，開發更加優質的教學平臺，形成更加良性的互動，達到所謂的教學相長的目的，從而使教學主體和客體均從中受益，教育質量也會達到一個較高的標準，實現教育的歷史使命。

第五，評價標準和機制。質量，從概念本身來講僅僅是「滿足用戶需要的程度」，從網絡教育質量來講，這裡的用戶應當有三個層面：第一個層面是要符合國家的要求和經濟社會文化發展需要，無須諱言，我們培養的學生必須是社會主義的合格建設者和可靠接班人，是對國家和社會有用的人，而不是危害國家和社會的人。第二個層面是接受教育的個體的滿意程度，即是學生本身對學校提供的教育服務和效果的客觀感受，這個方面受學生自身的主觀因素影響較大。但是教師的教學能力、教學水準、教學感染力，教學資源的先進性、呈現效果，教學內容的知識性、時代性，網絡教育的

主辦單位和助學單位服務的及時性、方便性，以及服務質量的高低和服務態度的好壞等方面能夠基於主觀感受和客觀事實進行評價。第三個層面就是學生所在單位對學生網絡教育學習前後的工作能力、工作態度、知識水準的評價，也是直觀反應教育質量的因素。因此，以上三個層面可以成為教育質量評價的有效科學主體。要進行有效、科學的評價還需要有科學的指標和評價標準。黨和國家的要求、學生及用人單位三個評價主體，應當根據各自的要求和角度設定完善的具體指標和標準來進行評價教育主體的辦學質量。評價標準和指標是否合理直接關係到對教育質量評價的公正、公平及科學。所以評價指標和標準的設定要充分考慮與時代發展相適應，要隨著國家要求和社會經濟、教育技術的發展進行不斷完善，也要進行大範圍的調研，經過充分的論證，不能只站在國家主管部門、辦學主體或者是學生和用人單位任何一個單一角度來設定；否則評價就會流於形式，不被社會認可。

建立客觀、公正、完善的評價機制是評價和保證質量的重要保障。建立評價機制首先要確立誰來評價、怎樣評價及評價結果的處理和應用等方面的問題。關於誰來評價的問題，既要充分考慮到實施評價的主體是否有公信力，能被國家、學生、用人單位以及評價客體等幾方面認可，也要考慮是否具有專業性和公正性問題，評價主體必須要熟悉和瞭解網絡教育的要求和規定，精通教學規律，同時還要能站在學生和用戶的角度公正客觀地進行評價，這樣的評價主體才會得到各方認可，才會有公信力。關於怎樣評價的問題，是要解決評價方式方法、評價過程等問題，這是評價能否有效進行的保證，也是評價結果是否真實的關鍵，在此問題上要關注辦學主體的指導思想與定位、培養方案與培養過程匹配、教師能力和水準、資源的質量、各環節的制度和規範執行情況，也要關注學生和用人單位的評價，收集社會影響和業內評價。在此過程中，要多渠道、多方式地進行評價，要看、查、談、測多種方式並重，利用現場、網絡、電話等多種手段充分收集信息，充分做到全面真實地進行評價。

1.4.2　網絡教育質量保證體系的思考

建立怎樣的質量保證體系才能保證和提升教育質量呢？從管理學的角度來說，質量保證體系是指通過一定的制度、規章、方法、程序和機構等把質量保證活動加以系統化、標準化、制度化。具體到網絡教育來講，在宏觀層面上，教育主管部門應當有一個系統的網絡教育質量保證體系，在微觀層面上，每一個辦學主體應當在宏觀質量保證體系的標準下，結合培養目標和辦學特色制定本單位的質量保證體系。前者重在總體質量的保證和控制，後者重在突出各自的辦學特色，但後者須完全符合前者的要求和規定。根據前文所述，影響網絡教育質量的因素主要有國家要求（國家的相關制度和規定）、教育主體的能力和水準、教與學過程的有效性、學生學習能力和學習態度、評價標準和機制五個方面，因此要保證和提高質量，宏觀上應當重點在這幾個方面進行考量。具體來講，首先，要根據黨和國家對繼續教育的要求和目的，建立健全立法。其次，在此層面下，教育部要制定和完善規章制度，如繼續教育質量標準、教學標準、服務標準等相應規章以確保國家要求具體落實；主辦學校根據國家和教育部要求，按標準和社會需求實施人才培養過程；學生根據要求和自身需要參加學習，使

人才培養質量目標得以實現，建立學校和學生之間有效的教學、服務渠道，保證網絡教育教學的有效性，包括先進、科學、便捷的技術平臺和實體的服務機構。最後要建立具有公信力的評價機構和結果處理機制。各主體之間的關係如圖1-1所示。

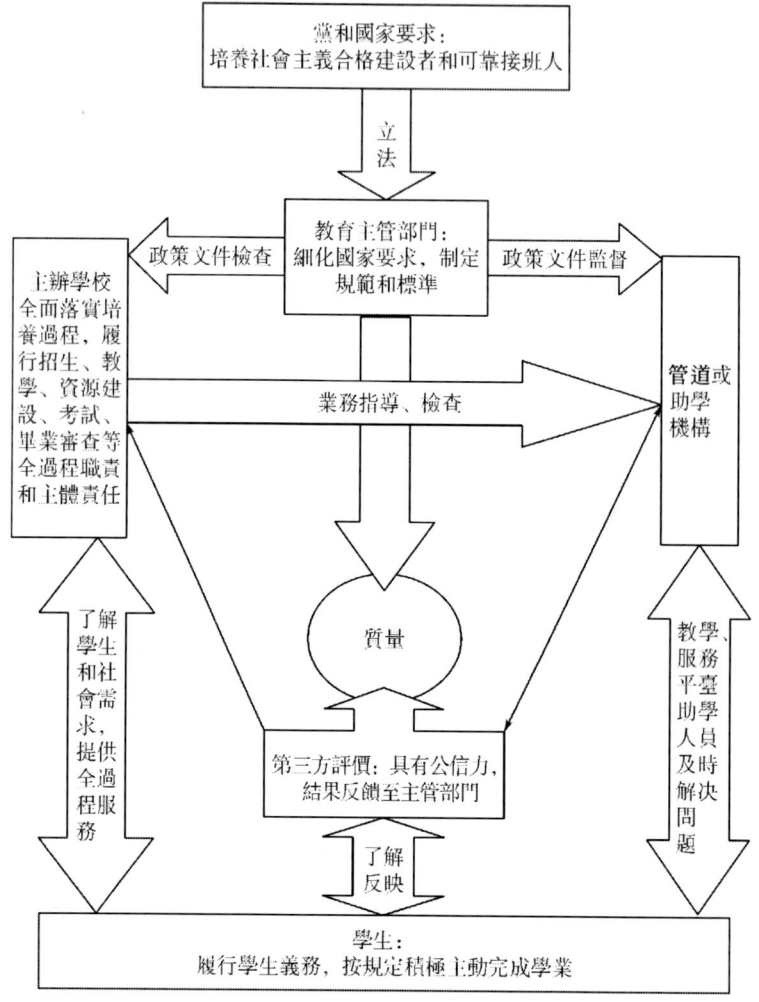

圖1-1　各主體之間的相互關係

從圖1-1可以看出，宏觀層面來講，主辦學校在培養質量的保證體系中佔有重要地位，它根據國家要求和社會需要確定培養目標，制訂培養方案，組織教師開展教學，建設教學資源，實施教學過程，進行合格考核，為學生開展服務，負責整個教學和培養過程，是保證教學質量的主體和保證教育質量的重要環節。所以，在微觀層面，每個辦學主體都應當建立自身的質量保證體系（見圖1-2），主要包括以下幾個方面：根據國家和社會需求確定培養目標，依據教育主管部門政策制度建立完善的管理制度和流程，提供優質師資隊伍開展教學和輔導，建設符合培養目標和方案的教學資源，對學生開展有效的線上及線下教學活動，嚴格執行相應政策以保證培養過程的規範性，

建立科學的內部質量監督和反饋機制等。

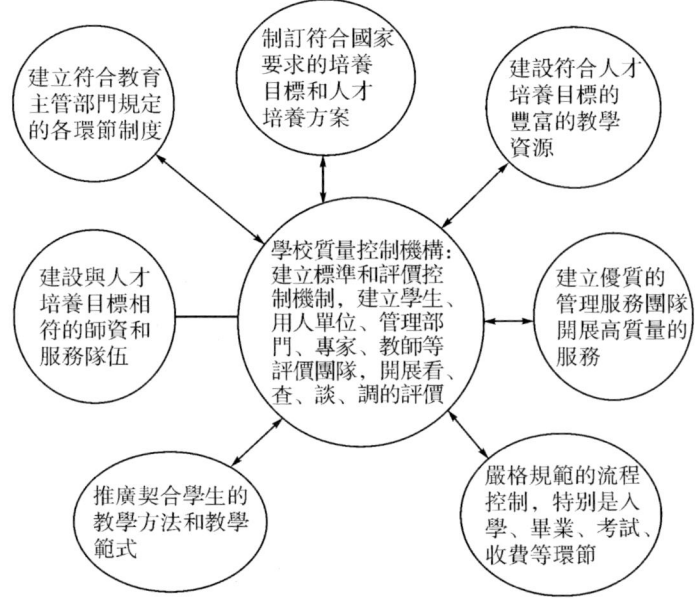

圖1-2　主辦學校培養質量的保證體系

通過建立上述兩個層面的質量保證體系，能在一定程度上保證網絡教育質量。但毫無疑問，任何體系和制度不可能包羅萬象，更不能解決所有問題，特別是對於培養人的教育事業來講，更是牽涉多個主體、多個方面，任何一個主體和方面不認真履行職責都會造成質量問題。當前的高等學歷繼續教育整體質量受社會詬病，難以達到國家要求，究其原因是多方面的，除了主辦學校辦學指導思想出了偏差及辦學定位不準造成了辦學過程管理不到位、質量控制不嚴外，還有國家法律建設和制度標準建設沒有跟上，辦學渠道管理混亂，社會存在的功利性思想和浮躁的心態使個別學校、助學機構、部分學員存在不履行各自職責、投機取巧的現象，這些又反過來助長和倒逼了主辦院校放鬆了質量控制，沒有形成良性循環。

黨的十九大報告明確提出：「辦好繼續教育，加快建設學習型社會，大力提高國民素質。」這是黨和國家對繼續教育的基本要求，也是每一個從事繼續教育工作人員的歷史使命，同時作為繼續教育對象的學生，同樣也有著盡到認真學習和促進辦好繼續教育的責任。

1.5　網絡教育特徵

中國高校網絡教育一方面發揮著「教育大眾化、優質資源公開」的作用，另一方面也是建設終身教育體系和學習型社會的重要教育形式。中國高校網絡教育主要面向

在職人員開展網絡高等學歷教育和職業資格證書教育、崗位培訓及其他非學歷培訓等各種形式的繼續教育。與其他教育（傳統教育、其他的遠程教育）相比，網絡教育有自己的顯著特徵。

1.5.1 開放性

網絡教育的開放性首先表現為它面向社會上所有的人，受教育對象不受國籍、年齡、性別、職業、教育背景等的限制，在任何地點、任何時間都可以向受教育者提供學習機會，同時也擴大了受教育對象的範圍。同時，網絡教育的開放性還表現在學習資源的開放性上，為受教育者提供了豐富的學習資源。

1.5.2 時效性

網絡教育的教學信息是通過將聲音、文本、圖形、圖像、動畫、視頻等信息進行數字化處理後以極高的速度傳遞給世界各地的學生，其活動方式有同步教學和異步教學兩種。學生可以隨時學到自己想學的東西，他們可以根據自己的學習興趣、愛好來安排學習內容、學習進度、學習時間等，可以把自己的工作、學習、生活進行合理安排，避免矛盾衝突。在現代遠程教育中，學員通過網絡接收教學信息既可以是即時的，也可以是非即時的，而且網絡教育資源更新的快捷性，是傳統紙質教材所無法比擬的。

1.5.3 可控性

由於網絡教育使教師和學生在空間上分離，表面上看來，好像網絡教育是不受控制的，實際上它也有可控性。在教學管理上，學生的註冊、課程安排、教學計劃安排、教學評價、學分統計、學位授予等都受到管理和控制。教師本人對教學是有控制的，由於網絡教育的交互性，使教師和學生隨時都可以交流，便於教師掌握學生的學習情況，從而對學生的學習情況和問題可及時地予以反饋。同時，學生由於有較大的自主性，他們可以自由地支配自己的時間來安排學習進度，這樣就鍛煉了他們的自學能力和自制力。

1.5.4 資源的共享性

網絡教育的交互性、時效性、開放性，使得不同國家或地區的教師、學生以及其他人員能夠實現異步或同步的交流，相互之間可以從對方那裡獲得自己沒有的而又想得到的知識和技能。也就是說，網絡教育能夠使全球的資源實現共享。高校網絡教育可以把最優秀的教師集中在網上授課，把大學特定課程的最好老師的授課實況進行轉播，有利於提高教學質量，從而真正實現教育資源共享。對於學生來說，一方面，計算機網絡的共享性能使他們正確地理解和整合教學信息和資源，另一方面，他們又能充分地享有教學信息。

1.5.5 交互性

交互性是現代遠程教育的關鍵特徵所在。網絡是一個動態的和系統的（自我組織

交流媒介。邁克爾‧穆爾（Moore，1989）認為交互性是一個很重要的概念。他解釋了現代遠程教育的三種交互類型：學生—教師、學生—學生、學生—學習內容。學生—教師的交互是教師和學生在課程中的交流。在網絡教育中，交互通常是在借助計算機媒體交流時發生，不僅僅局限於教學過程中，而且發生在指導、非在線交流（如 E-mail 交流）以及人與人之間的對話中。學生—學生的交流是指學習中兩個學生或更多的學生之間的交流。這種交流通常是借助異步形式的計算機媒體交流，還包括其他形式的人際交流如小組交流、在線和非在線交流。學生—學習內容的交流是學生考試、思考的過程，並且是在教學過程中課程信息呈現的過程。正如穆爾（Moore）和柯瑟林（Kearsley）所說，每個學生必須親自通過把信息組織到預先存在的認知結構中去，來構造知識。學生和學習內容的交互導致的結果是學生理解能力發生了變化。另外，安德遜（Anderson）和蓋瑞遜（Garrison）（1998）每出，學習內容—學習內容的交互是最原始的交互類型，當前先進的網絡技術加劇了學習內容之間的交互。

1.5.6 管理的規範性

網絡教育在招生、註冊、學籍管理、教學管理等方面都是通過網上進行，減少了人為的失誤，降低了教學管理中的一些不必要的環節，節約了成本，提高了工作效率。學生可以通過上網選修課程，真正實現了教學管理的電子化。

1.6 網絡教育模式

現代遠程教育在教學時間、空間、教學資源上突破了傳統教育的束縛，網絡學習成了信息加工、解釋和綜合的過程，學習者能夠使用各種不同的策略來存儲和提取信息，能夠使學習環境適應自己的需求和目標。基於網絡學習方法的不斷發展，針對遠程教育學習者的不同學習特徵，逐漸形成了以下幾種網絡化的學習模式：

1.6.1 講授型

講授型模式突破了傳統課堂中時間和地點的限制。通過 Internet 的 Web 技術實現講授，學習者不必集中於同一地點就可接受學習內容，這種學習模式分為同步式和異步式兩種。

（1）同步式。

通過網絡課堂的在線交流方式，不在同一地點上課的學習者，可以在同一時間聆聽教師講授。通過 Internet 可營造身臨其境的現場，在教師的講授過程中，可通過課堂提問等方式與教師獲得面對面的交流機會，也可通過信息反饋程序，向教師提出問題，教師再根據學習者的反饋信息做進一步的講解。

（2）異步式。

Web 技術和 E-mail 服務可基本滿足要求。這種模式由教師將教學要求、教學內容以及教學課件等材料，通過資源管理平臺等軟件上傳到學習系統上即可，學習者通過

瀏覽相應網頁學習，運用流媒體播放軟件來再現教師課堂講授。學習者的疑難問題可以用 E-mail 方式與教師交流，也可以通過論壇與教師、其他學習者討論交流。這種講授模式突破了時間和空間的限制，每個學習者可以根據自己的實際情況確定學習時間、內容和進度。

1.6.2 個別輔導

該模式通過基於互聯網的 CAI 軟件和教師與學習者之間的信息聯絡通道來實現。在教師與學習者之間通過 E-mail，可非即時地實現個別輔導，也可通過 Internet 的在線交流方式即時實現。前者優點是可隨時向教師請教，但不能馬上得到輔導；後者可以得到教師的即時講解，就像面對面一樣，但它要求學習者與教師同時在線。

1.6.3 討論學習

在 Internet 上實現討論學習的方式有很多，最簡單實用的就是利用論壇。這種系統具有用戶管理、討論管理、用戶留言、電子信件等多種功能，因而很容易實現討論學習模式。學習者可以在學習的特定主題區發言並能針對別人的意見進行評論，每個人的發言或評論都能夠即時地被所有參與討論的學習者看到。這種學習過程需要在專職教師的監控下進行，以保證學習者的討論和發言符合教學目標的要求，防止討論偏離學習主題。

1.6.4 協作學習

該模式利用計算機網絡以及多媒體等相關技術，由多個學習者針對同一學習內容彼此交流與合作，以達到對教學內容的深刻理解與掌握。這種模式具有以下特點：

（1）自發性。學習者之間結成夥伴，完全出於個人自願，可隨意退出或更換合作夥伴。

（2）合作性。學習者一旦結成學習夥伴，便按合作意願為共同的學習主題制訂合作計劃，開展討論，互相啓發，共享合作成果。

（3）多樣性。協作形式多種多樣，協作內容可多可少，協作時間可長可短。

（4）高效性。學習夥伴在協商、討論中能獲得最有效的學習指導與幫助，能取長補短，產生群體結構功能。

1.6.5 探索學習

學習者在解決實際問題中的學習比單純接受教師的教授更有效，思維的訓練更加深刻，獨立解決問題的能力更具創造性。這種學習模式需經過如下五個基本階段：

（1）問題分析階段。

輔導教師在不進行任何教學的情況下，向學習者提出要解決的問題。學習者在其原有知識的基礎上，提出解決問題的一些初步的想法，然後確定他們要解決問題所要進行學習的內容，並形成一個解決問題的行動計劃。

（2）信息收集階段。

學習者收集與解決問題相關的信息，逐步構建起關於該領域知識的結構並形成自主思維的能力與習慣，這是充分體現學習者自主學習的階段。

（3）綜合階段。

經過信息收集的自主學習階段之後，學習者重新回到學習小組中，利用他們所學到的新知識重新對問題做出評估，應用所學到的新知識，解決現實中的學習問題，使新知識得到鞏固與應用，從而牢固地建構起自己的知識體系。

（4）抽象提煉階段。

問題得到完美的解決之後，為了提煉和昇華，學習者需要討論其他相關的問題，對解決問題的方法進行歸納與總結。

（5）反思階段。

在問題得到解決後，學習者需要反思問題的解決過程，進行相互的對等評價或自我評價，輔導教師適當做一些關鍵點上的點評，幫助學習者進行歸納與總結。學習者相互之間的討論以及對新學到知識的反思，有助於發展學習者的元認知技能，提高獨立解決問題的能力和技巧。

探索學習模式實現的技術既簡單，又能有效地促進學習者的積極性、主動性和創造性，能夠克服傳統教學過程中的最大弊病，有廣闊的應用前景，實施這種教學模式要防止學習者產生過強的挫折感，為此要有比較敏感的反饋系統，以便及時給予學習者適當的幫助。

1.6.6　混合型學習

網絡教育不等同於網上教育，也不等同於在線教育，更不等同於遠程教育。網絡教育可以理解為以網絡為基礎的網絡化教育，它也需要教師與學生、教師與輔導員、學生與學生之間開展線下活動，有利於兩種形式相互補充，加強校園文化建設，強化學生的學習效果。

這幾種模式不是單一存在的，在網絡教育的教學實踐中幾種模式都有各自的作用，應當根據學生的特點綜合運用。

1.7　網絡教育對學生的學習要求

教與學是保證和提高質量的兩個重要環節，缺一不可。參與網絡教育的學生要取得好的學習效果，需要具備一些基本技能和達到一些要求。

（1）掌握網絡學習的基本技能。參與網絡教育的學生要能使用計算機和運用互聯網計算技術。

（2）要有正確的學習目標。參與網絡教育的學生要樹立成為社會主義合格建設者和可靠接班人的理想，也要不斷激發潛在的學習動力，不要存在混文憑的思想。

（3）控制自己的學習情感。在網絡學習中易產生孤獨感，學習者應在這個開放的

平臺中主動參與討論，交流知識和經驗等。

（4）要不斷提高自主學習的能力。自主學習是人類最基本的能力。在一個快速變化、知識不斷更新的社會裡，隨著人工智能的發展，學生如果缺乏自主學習能力，將難以適應人工智能時代帶來的挑戰。

（5）要自覺遵守規章制度。參與網絡教育的學生要擺正自身位置和心態，按要求和教學安排進行學習，尊重教學規律和教師的勞動成果，積極參加線上線下的活動，才能取得好的學習效果。

2 學校及學院簡介

2.1 西南財經大學簡介

西南財經大學是教育部直屬的國家「211 工程」和「985 工程」優勢學科創新平臺建設的全國重點大學。

學校地處國家歷史文化名城、南方絲綢之路的起點、素有「天府之國」美譽的成都，有光華、柳林兩校區，總占地 2,300 餘畝（約 153 萬平方米）。光華鐵樹穿越年輪時光感受歷史緬懷先賢，巍巍鐘樓傲然屹立感受青春與未來對話，這裡古今融通、傳統與現代交相輝映，實乃讀書治學的理想園地。

學校始於 1925 年在上海創立的光華大學。1938 年，因抗戰西遷建立光華大學成都分部；1952—1953 年匯聚西南地區 17 所院校的財經系科組建四川財經學院，這是中華人民共和國成立初期國家按大區佈局的四所本科財經院校之一，也是西南地區唯一的綜合性高等財經學府；1960 年以後歷經分設、合併、更名等，於 1978 年恢復為四川財經學院；1979 年由四川省劃歸中國人民銀行主管，逐漸形成了學校獨特的金融行業背景和出色的金融學科優勢；1985 年更名為西南財經大學，1997 年成為國家「211 工程」重點建設高校，2000 年以獨立建制劃轉教育部管理，2011 年成為國家「985 工程」優勢學科創新平臺建設高校，2017 年被列入全國首批一流學科建設高校。90 餘年的辦學歷史形成了自己獨特的辦學特色、文化傳統、精神內涵和社會聲譽。

黃浦浣花風雨長，光華柳林譜華章。學校始終與國家民族共命運，格致誠正，興學報國；始終與時代發展同進步，經世濟民，勵精圖強，在國家經濟騰飛中寫下了雋永篇章。

學校堅持社會主義辦學方向，全面貫徹黨和國家的教育方針，堅持立德樹人根本任務，肩負人才培養、科學研究、社會服務、文化傳承創新、國際交流合作的重要使命；扎根中國大地辦大學，堅持走以質量提升為核心的內涵式發展道路，堅持依法治校、教授治學、民主管理、社會參與，努力建設特色鮮明高水準研究型財經大學。

學校致力於培養德、智、體、美全面發展，具有社會責任感、創新精神、國際視野的財經領域的卓越人才。現有全日制在校學生 22,600 餘人，其中普通全日制本科生 15,800 餘人，碩士研究生 5,800 人，博士研究生 900 餘人，長期留學生 700 餘人。建校以來，學校共培養了 16 萬餘名各類高級專門人才，為國家經濟建設和社會進步做出了重要貢獻，被譽為「中國金融人才庫」。

學校擁有教育部人文社會科學重點研究基地「中國金融研究中心」、國家經濟學基

礎人才培養基地、國家級教育示範中心「經濟管理實驗教學中心」「現代金融創新實驗教學中心」「教師教學發展示範中心」以及四川省重點實驗室「金融智能與金融工程實驗室」等一批師資力量雄厚的教學與科研機構；學校主辦的《經濟學家》《財經科學》分別入選「教育部名刊工程」「全國高校百強社科期刊」；創辦了國內首本金融英文學術期刊《Financial Innovation》；圖書館館藏文獻 200 餘萬冊，是目前西南地區最大的財經文獻中心，設有西南地區唯一的貨幣金融博物館。

學校著力構建特色鮮明、優勢突出、結構合理、充滿活力的學科生態體系，形成了以經濟學管理學為主體、金融學為重點、多學科協調發展的辦學特色。學校設有 26 個學院（中心、部）等教學單位，33 個本科專業，108 個碩士學位培養專業（含 18 個碩士專業學位），57 個博士學位培養專業；有理論經濟學、應用經濟學、工商管理、法學、管理科學與工程 5 個博士學位授權一級學科，11 個碩士學位授權一級學科；擁有金融學、政治經濟學、會計學和統計學 4 個國家重點學科，5 個省級重點一級學科；有理論經濟學、應用經濟學、工商管理和管理科學與工程 4 個博士後流動站。

學校堅持人才為本、學術為魂，在波瀾壯闊的辦學歷程中，人文薈萃，名師雲集。胡適、錢鐘書、徐志摩、葉聖陶等大師在此傳道講學；謝霖、陳豹隱、湯象龍、許廷星、劉詩白等著名經濟學家於此授業解惑。現有專任教師 1,380 餘人，其中，教授 290 餘人，副教授 530 餘人，博士生導師 280 餘人，全職海歸博士 260 餘人，特聘海外院長 7 人。享受國務院政府特殊津貼專家 16 人，「萬人計劃」3 人、「千人計劃」7 人、「杰青」「優青」4 人、「長江學者」18 人。

學校堅持主動服務國家戰略，加強協同創新，服務社會能力不斷增強。積極開展國家、行業、區域經濟社會發展中重大理論和實踐問題的研究，獲批建設全國中國特色社會主義政治經濟學研究中心；依託學校人才優勢和學科優勢，主動回應國家精準扶貧戰略，積極開展對口幫扶工作，勇擔大學社會責任；加強中國金融安全協同創新中心、中國家庭金融調查中心以及西財智庫等科研機構建設，拓寬智庫成果報送渠道，充分發揮「智囊團」和「思想庫」的作用，為黨和政府科學決策提供高質量的智力支持。

學校堅持國際化辦學理念，著力提升國際交流與合作的層次與水準，國際影響力顯著提升。設立中外合作辦學項目和辦學機構、招收培養留學生、舉辦國際學術會議、開展國際教育文化交流，目前已與近 50 個國家和地區的近百所知名大學、金融機構及知名企業建立了廣泛的合作關係；建有 2 所孔子學院；品牌項目 Discover SWUFE 暑期學校影響力不斷增強；光華講壇影響力提升，眾多諾貝爾獎獲得者等知名學者先後作客我校與師生展開高層次、前沿性對話與研討。

一所大學的發展，悠遠而漫長。90 餘年的歷史長卷，展現的是厚重的文化，思想的光芒；是英才輩出，群賢薈萃；是艱難求索，成就斐然。鑒往知來，登高臨遠，全體西財人信心滿滿，永葆大學理想，秉持「經世濟民，孜孜以求」的大學精神，必將以更高站位、更大格局、更強定力、更優作風，攜手共進，砥礪前行，抓住「雙一流」建設這個重大歷史機遇，圍繞實現學校「十三五」規劃任務，著力在特色化、高水準、研究型上下功夫，加快建成特色鮮明高水準研究型財經大學，為實現中華民族偉大復

興的中國夢做出新的更大貢獻。

光華校區地址：四川省成都市青羊區光華村街 55 號
郵編：610074
柳林校區地址：四川省成都市溫江區柳臺大道 555 號
郵編：611130
網址：http://www.swufe.edu.cn.

2.2　學校師資隊伍概況

西南財經大學建校近百年以來，艱苦創業，英才輩出，湧現出了一批著名的財經教育專家和教授，中國著名經濟學家陳豹隱、李孝同、彭迪先、梅遠謀、劉洪康、楊佑之、湯象龍等曾在校任教。教師中有劉詩白、曾康霖、何澤榮、趙國良、袁文平、蔣明新等全國著名的經濟學和管理學導師，學校還聘請了 400 餘位國內外經濟學家、銀行家、企業家為兼職教授和客座教授。

學校一直十分重視師資隊伍的引進和培養，近幾年來加大海內外高層次人才的引進力度，引進了包括美國芝加哥大學、賓夕法尼亞大學沃頓商學院、加州大學伯克利分校、斯坦福大學、康奈爾大學、俄亥俄州立大學、英國劍橋大學等世界著名大學以及清華大學、復旦大學等國內知名高校博士等 280 多名海內外優秀人才任全職教師，100 餘名海外學者任講座教授、課程教授，聘任 1 名「長江學者」特聘教授和 4 名「長江學者」講座教授，引進國家「千人計劃」入選者 3 人、四川省「百人計劃」入選者 6 人，特聘 7 名海外知名學者為 7 個專業學院特聘院長。學校特別重視青年教師綜合素質的培養，大力加強人才資源的開發，每年撥出專項經費用於選派優秀中青年教師赴歐美以及國內著名高等院校和研究機構進修，並通過科學合理的人力資源優化配置和開發，不斷促進青年教師隊伍成長成才。20 世紀 90 年代中期以來，學校在「211 工程」建設中，實施了「跨世紀人才工程」，加大了對中青年教師的培養力度，入選「跨世紀人才工程」的大部分教師現已成為各學科學術帶頭人和教學科研骨幹。近年來，學校實施「人才強校戰略」，加快引進和培養學術領軍人物，啟動了以重點培養 10 名左右國內中青年學術拔尖人才、50 名左右中青年學科帶頭人、100 名左右中青年教學骨幹為目標的「151 工程」，現已遴選 20 名「首批學科帶頭人培養人選」和 39 名「首批教學科研骨幹培養人選」；實施青年教師成長項目，共遴選、資助了 230 餘名青年拔尖人才，以促進青年教師盡快成長，為學校和學科長遠發展培養後備優秀人才。

經過多年的努力，我校已經形成一支結構基本合理、層次分明的較高素質的學術梯隊，發展態勢良好。學校現有專任教師 1,355 人，其中，有正高級職稱教師 268 人、副高級職稱教師 425 人、博士生導師 98 人。教師中現有國家「千人計劃」入選者 3 人，教育部「長江學者」特聘教授 1 人、講座教授 4 人，四川省「百人計劃」入選者 6 人，國家「教學名師」獎獲得者 2 人，四川省「教學名師」16 人，「全國模範教

師」1人,「全國優秀教師」3人,享受國務院政府特殊津貼專家36人,有1人獲「全國百名傑出留學回國人員」獎勵,教育部霍英東優秀青年教師獎及資助計劃獲得者12人,1人獲「四川省首屆創新人才獎」,31人獲「四川省有突出貢獻的優秀專家」稱號;有4人入選國家人力資源和社會保障部「百千萬人才工程」,20人入選教育部「新世紀優秀人才支持計劃」,74人當選四川省「學術和技術帶頭人及後備人選」;3人獲德國「洪堡基金」項目資助;有10位教師擔任四川省第五屆科技顧問團顧問等,他們在國家和地方的社會經濟發展中發揮著重要的作用。

2.3 繼續(網絡)教育學院簡介

西南財經大學繼續(網絡)教育學院是學校負責統籌、協調、組織和管理成人教育、網絡教育、自學考試、幹部培訓和職業資格證書培訓等成人高等教育及非學歷教育的管理與辦學機構,是學校服務社會的重要窗口,是學校「經世濟民 孜孜以求」大學精神傳承的重要力量。

九秩西財,彌久歷新。西南財經大學繼續教育根植沃土、胼手胝足,篳路藍縷、弦歌不輟,承載著悠久的歷史和光榮的傳統。中華人民共和國成立初始,百廢待興,職業教育,應時而生,學校由業餘教育處負責舉辦工農夜校、幹部進修班等培養和培訓急需的經濟管理人才。1964年成立函授部,1978年開辦各類業務培訓和幹部專修科。1982年,被確定為四川省經濟類專業高等教育自學考試主考學校,1986年成立自學考試辦公室。1986年成立成人教育處,1997年,在原成人教育處的基礎上組建成人教育學院。2002年,被教育部批准開展現代遠程教育試點,成立網絡教育學院,承擔成人高等學歷教育現代遠程教育試點工作,2008年成立西南財經大學培訓中心,2013年成人教育學院和網絡教育學院更名為繼續(網絡)教育學院。

格致誠正,經世濟民。西南財經大學繼續教育立足西部、面向全國,築夢財經,砥礪耕耘,致力於打造西部財經從業人員終身教育基地,形成了函授、業餘(含半脫產、夜大)、自考助學、現代遠程教育等學歷教育和各類證書培訓、幹部培訓、企業培訓、高端研修等非學歷教育多種辦學形式協調並存、良性互動,金融、會計、保險、統計、財稅、工商管理、經濟學、經濟法學、經濟信息管理等財經專業齊全的多層次辦學格局(目前學校開展的現代遠程學歷教育專業見表2-1)。

表2-1　　　　　　　西南財經大學現代遠程教育開設專業一覽表

序號	高中起點專科	專科升本科	高中起點本科
1	金融管理	金融學	金融學
2	會計	財政學	會計學
3	保險	會計學	工商管理
4	—	財務管理	財務管理

表2-1(續)

序號	高中起點專科	專科升本科	高中起點本科
5	—	保險學	保險學
6	—	工商管理	人力資源管理
7	—	市場行銷	市場行銷
8	—	經濟學	法學
9	—	行政管理	—
10	—	人力資源管理	—
11	—	法學	—
12	—	投資學	—
13	—	國際商務	—

　　學院先後在全國30個省市招生和辦學，共有函授站、教學點23個，校外學習中心61個；高等學歷繼續教育在校學生7萬餘人，其中網絡教育5萬餘人。1986年至今，學校已為國家培養了11萬餘名成人高等學歷教育本、專科畢業生，8萬餘名自學考試本、專科畢業生，為金融系統及其他財經行業開展各類培訓班上百期，參訓人員達10萬人次。繼續教育學生主要分佈在全國金融、保險、證券、工商企業和政府經濟管理部門等，他們通過在職學歷提升、理論知識培訓、業務技能培訓，提高了個人的理論知識和業務水準，為國家和地區經濟建設與發展做出了積極貢獻。

　　從社會各界的反饋來看，學校成人教育管理規範、辦學嚴謹、專業強勢、師資雄厚、信譽優良，充分展現了教育部直屬重點學校的辦學風範。

　　西南財經大學繼續教育理清思路、明確方向、銳意進取、協同創新。質量，是繼續教育發展的生命線，學院依託學校雄厚的師資力量，凝聚起一支高質量的主講教師團隊，形成了一系列高品質的規劃教材，打造出一批國家級及省部級精品課程。

　　學院十分注重將現代教育技術特別是網絡通信技術廣泛應用於網絡教育的課程建設、教學教務管理、學習支持服務等方面，先後投入上千萬元，建設了「西財在線」專用教育網站（http://www.swufe-online.com），並不斷運用技術創新和管理創新持續建設和完善，以此為平臺，努力提高遠程教學能力和教學支持服務水準。

2.3.1　西財在線

　　「西財在線」系列平臺由我院技術支持服務中心自主研發，下設「西財在線」門戶網站、學業中心、學習平臺、質量監控系統、考試系統及綜合管理系統等子系統。

　　「西財在線」門戶網站主要提供學院官方簡介、新聞、資訊、規章制度、文檔下載、諮詢服務、招生簡章、在線報名等模塊。學業中心主要面向學生提供學籍查詢、成績查詢、教學計劃查詢、選課、約考等功能；學習平臺主要面向學生提供課件點播、在線作業、課程討論、電子書閱讀等功能，為學員提供了完備的導學、助學、促學服務系統，保障了學員的遠程學習、互動及學習支持服務；質量監控系統主要面向我院

管理人員，實現我院對網絡教育、教學、服務及管理各環節的監控與預警。

綜合管理系統主要面向我院管理人員及各合作單位（學習中心、函授站點）管理人員提供招生管理、學籍管理、教學管理、教務管理、學習支持服務管理、畢業學位管理等業務管理功能。多項子系統為學校和站點管理人員建立了多級帳戶管理平臺，實現了從招生到畢業整個流程的標準化遠程管理。

網絡教學服務平臺設立了網絡教學輔導答疑室，運用網絡課程主頁、遠程視頻授課、網上作業、在線討論、網上畢業論文指導與答辯等多種遠程互動教學手段，為教師和學生搭建了一個教學互動平臺，實現了有效的導學、助學和促學效果，同時通過基於手機短信息、諮詢平臺、熱線電話、服務 QQ 等技術手段的多信道呼叫中心，為學生提供全方位的學習支持服務。

2.3.2 網絡教學資源

學院高度重視教學資源的建設和開發，先後建設了錄播室、演播室，成立了以教學管理部門與技術部門為主系的資源建設小組，把網上教學資源建設作為學院工作的重中之重。「西財在線」網站建有以網上作業庫、答疑精華庫、討論案例庫、章節熱點庫和網上課堂為構件的網上教學資源庫，已經建成金融、會計、工商等專業為主的現行網絡教育培養方案全部課程的網絡課件資源，製作出豐富的多媒體課件。學院製作的網絡課件因其專業性、系統性特點，以及體現出的財經專業特色和師資水準而獲得了較高的評價。2009 年 11 月，在教育部全國高校現代遠程教育協作組舉辦的遠程教育試點十週年大會上，我院編寫的繼續（網絡）教育系列規劃教材獲教材建設金獎，我院自行開發的網絡教育課件「概率論與數理統計」被教育部教育管理信息中心評為二等獎，「會計學原理」被評為國家精品課程。2015 年，我院建設的「財務管理」「財務會計」獲評國家級精品課程，「中國社會生活文化」「中國經濟概論」課件榮獲教育部教育管理信息中心主辦的「第十五屆全國多媒體課件比賽」三等獎，「工程項目管理」「中國經濟概論」等榮獲微課組優秀獎。這些都標志著我院網絡教育資源建設水準上了一個新臺階。

經過近幾年的發展，學院網絡教學支持服務體系日趨完善並逐步向函授教育學生開放，在課程學習、學籍管理、考試管理、成績管理、畢業論文指導與答辯、學位申請等多方面實現了網絡教育和函授教育的完全統一。先進的網絡教學服務平臺，豐富的教學資源，極大地滿足了各類在職人員的業餘學習需求。

3 網絡教育學習介紹

圖 3-1 和表 3-1 分別為網絡教育學習全過程的介紹和網上學習時間表。

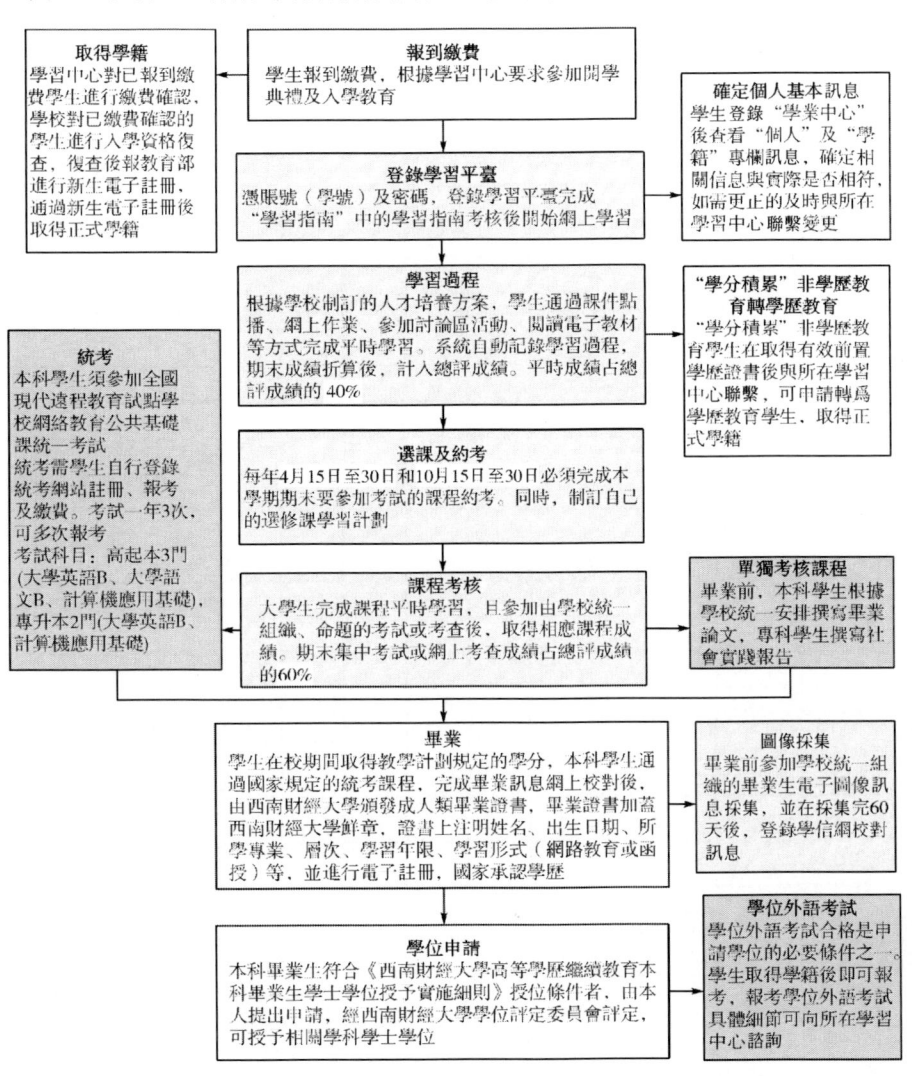

圖 3-1　學習全過程

表 3-1　　　　　　　　　　　網上學習時間表

事 項		1月	2月	3月开学	4月	5月	6月	7月	8月	9月开学	10月	11月	12月
新生缴费				★						★			
老生缴费		★	★	★			★	★	★	★			★
学生证领取							★						★
选 课		★	★	★	★	★	★	★		★	★	★	
在线学习		★	★	★	★	★	★	★		★	★	★	
作 业		★	★	★	★	★	★	★		★	★	★	
考 试	约 考					★					★		
	免考办理				★					★			
	现场考试	★					★	★					★
	网上考试						★						★
期末考试成绩公布		★						★					
统 考	网上报名		★				★				★		
	免考申请				★			★				★	
	考 试					★				★			★
毕业设计最后一学期	实践报告				★	★	★			★	★	★	
	论文撰写	★	★	★	★			★	★	★	★		
	论文答辩						★					★	
毕业生图像采集		学习中心与当地新华社联系确认拍照时间、地点，通知各位同学										
毕 业	证书办理							★					★
	证书领取	★						★					
四川省学位外语考试	报 名		★										
	考 试					★							
学 位	申 请					★					★		
	证书领取	★						★					
全国计算机等级考试	报 名						★						★
	考 试				★					★			
全国大学外语等级考试	报 名				★					★			
	考 试						★						★

	上半年学期
	下半年学期

3.1 學前準備

3.1.1 用戶登錄

學業中心：是進行課程學習、選課、成績查詢，與老師、同學交流的地方。
個人帳號：是上網學習的通行證，報到繳費後在學習中心班主任處領取。
圖 3-2 為學生登錄學業中心的流程圖。

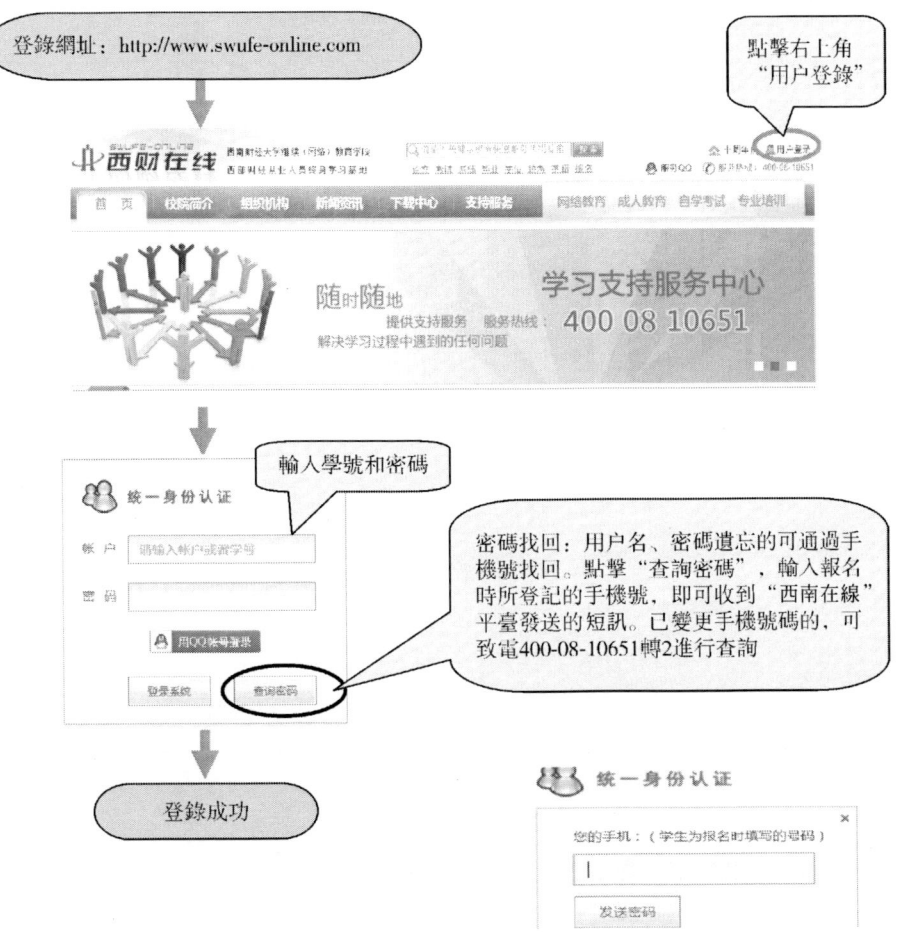

圖 3-2　登錄學業中心流程

3.1.2 學習指南

為了方便學生能更快地掌握網上學習方法，適應網絡學習方式，我們推出了網上「學習指南」（如圖 3-3 所示）。

圖 3-3　網上「學習指南」

　　學生可通過入學須知視頻瞭解怎麼開始網上學習，關注流程圖板塊中學習全過程和學習時間表可確保不會錯過學習、選課、約考、考試等重要環節，事務辦理流程圖（見圖 3-4）和「表格下載」（見圖 3-5）能幫助你輕鬆瞭解各類事務辦理。

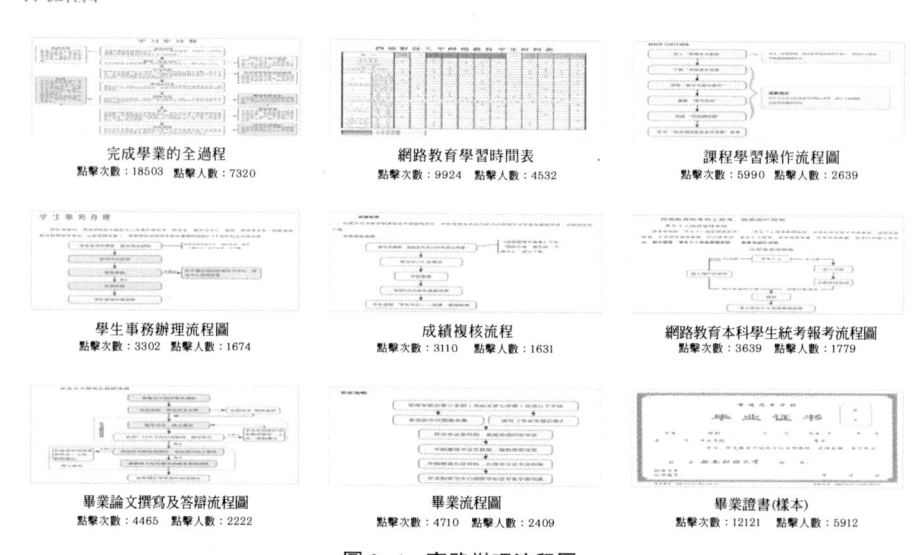

圖 3-4　事務辦理流程圖

📋 表格下載

- 西南財經大學成人高等學歷教育學生成績複核申請表　点击次数：749　下載
- 西南財經大學成人高等學歷教育課程免試申請表　点击次数：470　下載
- 网络教育统考免考申请表　点击次数：860　下載
- 西南財經大學成人高等教育轉專業、學習形式、站點申請表　点击次数：206　下載
- 西南財經大學成人高等教育休學、退學申請表　点击次数：112　下載
- 西南財經大學學生基本信息變更申請表　点击次数：129　下載

圖 3-5　相關表格下載

　　管理規定中的《考核及成績管理辦法》《選課管理辦法》等相關管理規定都是幫助完成學業的好幫手，相關連結中提供學生學習過程中會常用到的幾個網站（見圖 3-6）。

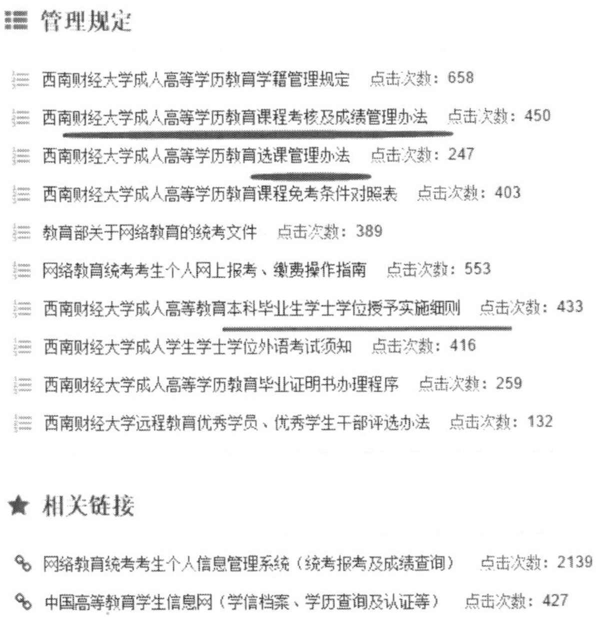
管理规定
西南财经大学成人高等学历教育学籍管理规定 点击次数：658
西南财经大学成人高等学历教育课程考核及成绩管理办法 点击次数：450
西南财经大学成人高等学历教育选课管理办法 点击次数：247
西南财经大学成人高等学历教育课程免考条件对照表 点击次数：403
教育部关于网络教育的统考文件 点击次数：389
网络教育统考考生个人网上报考、缴费操作指南 点击次数：553
西南财经大学成人高等教育本科毕业生学士学位授予实施细则 点击次数：433
西南财经大学成人学生学士学位外语考试须知 点击次数：416
西南财经大学成人高等学历教育毕业证明书办理程序 点击次数：259
西南财经大学远程教育优秀学员、优秀学生干部评选办法 点击次数：132
相关链接
网络教育统考考生个人信息管理系统（统考报考及成绩查询） 点击次数：2139
中国高等教育学生信息网（学信档案、学历查询及认证等） 点击次数：427

圖 3-6 管理規定及相關連結

3.1.3 核對個人信息

學籍信息是學生進行學籍註冊、繳費、選課、考試、畢業註冊的重要基礎信息，須在學校報教育部新生電子註冊前，完成新生註冊信息核對（報名時通過刷身分證讀取信息的學生無須校對）。

1. 核對流程

第一步，登錄學習平臺「學業中心—學籍」專欄，需要完成校對的同學登錄時會自動彈出校對窗口（見圖 3-7）。

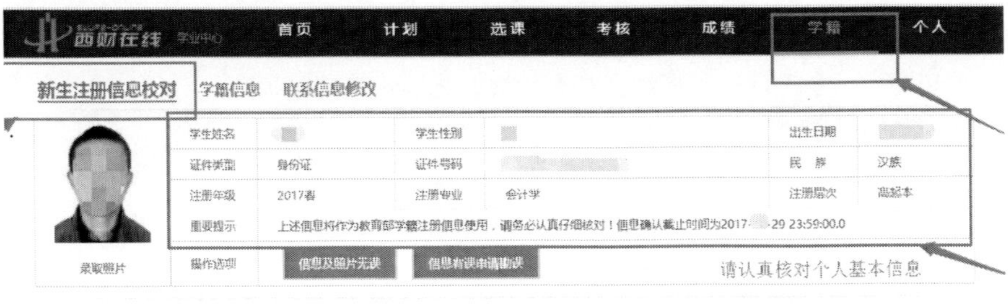
西财在线
首页
计划
选课
考核
成绩
学籍
个人
新生注册信息校对
学籍信息
联系信息修改
学生姓名
学生性别
出生日期
证件类型
身份证
证件号码
民 族
汉族
注册年级
2017春
注册专业
会计学
注册层次
高起本
重要提示
录取照片
操作选项
信息及照片无误
信息有误申请修改
请认真核对个人基本信息

圖 3-7

第二步，核對本人信息是否正確。

信息正確的：請點擊最下方的「信息及照片無誤」在彈出的對話框中輸入收到的手機驗證碼，點擊「確認信息」完成操作（見圖 3-8）。

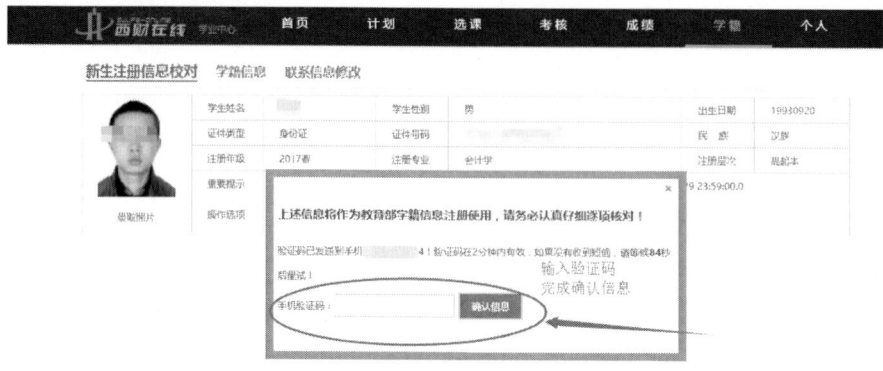

圖 3-8

信息有誤的：點擊「信息有誤申請勘誤」，輸入需要勘誤的內容後提交（見圖 3-9）。

圖 3-9

提交過「信息勘誤」的同學，請在校對截止前再次登錄核對。

2. 核對個人聯繫方式

學習平臺「學業中心—個人」信息中，如聯繫方式有變更，請及時更改，以便學校能及時聯繫到你（見圖 3-10）。

圖 3-10

3.1.4 學習期限

學習期限是指學生在學籍註冊後，以我院學生身分進行學習的時間。學習期限以學生學籍在教育部註冊起開始計算，專科和專升本最快 2.5 年畢業（高起本 5 年），最長學習有效期為 6 年，高起本最長學習有效期為 8 年。各位同學應合理安排學習進度，爭取早日順利畢業。

> 特別提示：超過最長學習有效期限的，學籍將會被取消，無法繼續再進行學習及畢業。如仍想繼續學習的，可向學習中心申請轉到新的招生批次，重新註冊學籍。

3.1.5 交費

學院收費是根據教育部辦公廳下發的《關於支持若干所高等學校建設網絡教育學院開展現代遠程教育試點工作的幾點意見》文件及四川省物價局《關於對西南財經大學網絡教育學院和「雙語」教學初階班收費標準的批覆》的規定執行。

高中起點專科、專科升本科按學分分兩年進行收費。其中，高中起點專科，每學年按 41 學分收費；專科升本科，每學年按 43 學分收費。高中起點本科分四年，每學年按 39 學分收費。

> 特別提示：◇ 具體學費標準可諮詢所屬學習中心，或在「學生網上交費平臺」中查看。
> ◇ 新學年開學時應繳清當學年學費，未按時繳納學費的，將關閉網上學習帳號，無法正常學習及考試。

網上繳費操作流程如下：

在「西財在線」首頁進入「學生網上交費平臺」（見圖3-11），點擊「網絡教育學生交費」進入交費系統，具體操作可點擊下方「如何使用」查看網上繳費幫助文檔（見圖3-12）。

圖3-11

圖3-12

3.1.6 學生證

學生證是學生在學校就讀期間的身分證件，是參加考試及學習活動的重要憑證之一（示例見圖 3-13）。

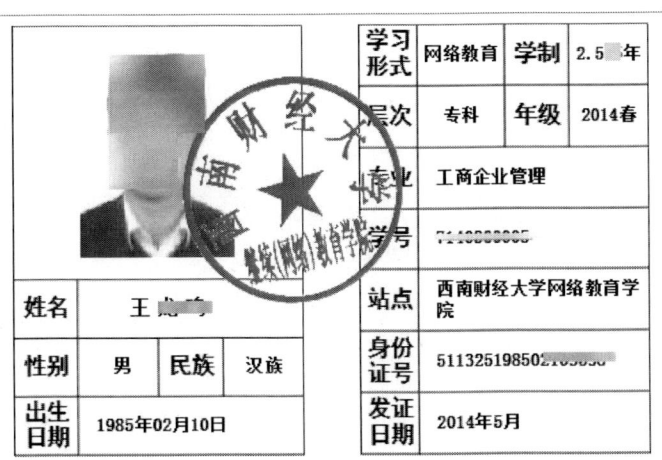

圖 3-13　學生證

領取方式：根據學習中心通知，至所屬學習中心領取。

3.2　選課、約考及重修

3.2.1　查看計劃

學生可進入「學業中心—計劃」專欄查看自己所報讀專業的教學計劃。學校制訂的專業人才培養方案，按課程屬性分為通識教育基礎課、專業基礎課、專業主幹課、文化素質課、專業拓展課和社會實踐課六類。其中，通識教育基礎課、專業基礎課和專業主幹課（期末時在所屬考點參加現場集中考試）、社會實踐課（最後一學期才會開放，單獨考核）為必修課程。文化素質課和專業拓展課為選修課程（期末時參加網上考核）。

在「計劃」中將看到你所學專業的課程設置情況，包括課程安排學習的學期、課程類型、課程學分、課程考核方式等。標記為「在修」的是你當前學期正在學習的課程，標記為「通過」的是你已經學習且通過考核的課程，標記為「已選」的是你已經進行了選課，在下學期要學習的選修課程。你也可以通過點擊右上角的「可打印版本」進行查看或打印你的專屬教學計劃（見圖 3-14）。

圖 3-14

3.2.2 完成選課

我校網絡教育教學實行的是學分制，採用彈性學制。根據《西南財經大學高等學歷繼續教育選課管理辦法》，學生在完成教學計劃中規定的必修課學習的同時，還需完成選修課程的學習。選修課學分達到規定要求是畢業的必要條件之一。

選課是指根據自己的學習能力及學習時間，綜合考慮制訂屬於自己的選修學習計劃，選定自己未來所要學習的選修課程，不能為當前學期選課。

專科：第 2~4 學期需完成不少於 27 學分的選修課學習，其中文化素質課不少於 13 學分，專業拓展課不少於 14 學分。

專升本：第 2~4 學期需完成不少於 23 學分的選修課學習，其中文化素質課不少於 11 學分，專業拓展課不少於 12 學分。

高起本：第 2~8 學期需完成不少於 41 學分的選修課學習，其中文化素質課不少於 20 學分，專業拓展課不少於 21 學分。

選課時間：4—5 月及 10—11 月。

特別提示：◇ 選課操作時請注意自己選擇的選修學期，所選學期開學後方可開始學習。

◇ 未選滿學分的，可在之後的學期繼續完成選課或更換未開學期的所選課程。

網上操作流程如下：

在「選課」權限開放期間進入「學業中心—選課」專欄，點擊相應備選課程，確定選修學期，即可完成選課。你可在此看到文化素質課和專業拓展課需要修夠的總學分和當前已選學分數（見圖3-15）。

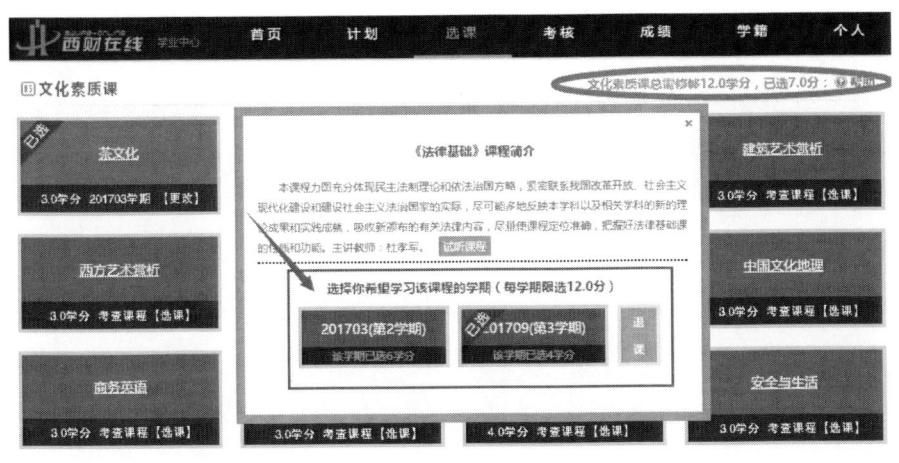

圖 3-15

3.2.3 完成約考或重修

約考是指學生對當前學期需要參加期末集中考試的課程進行預約及確認。學生可根據自身情況來確認在學校規定的考試時間是否參加考試，如果時間不能調節或有其他原因無法在規定時間內參加考試，可以不約考，待下學期選擇重修即可。

重修是指考試某一門未通過，下一學年重新上該門課並重新考試。所修課程中總評成績不合格的都需要重修。新的學期預約「重修」後，須重新參加期末考核。重修課程網上學習及平時作業可選擇重新完成，平時成績將以歷次最高成績折算計入總評成績。

重修課程的約定包含了重修課程約考，只需操作一次。選擇了當前學期要重修的某門課程後，默認參加本學期該門課程的期末考核。學籍有效期內重修均不收取費用。未選「重修」的不開放重修及考試權限。

> **特別提示：** ◇「待考查課程」中包含了你已學課程中所有待考查課程。當前學期在修的考查課程無須約考，重修的考查課程需選擇「重修」後，才能參加當學期的期末考查。

開放時間：預計在每年的4月15日至30日和10月15日至30日開放約考。

網上操作流程如下：

進入「學業中心—考核」專欄，在「正考課程約考」和「考試課程重修及約考」中點擊相應課程的「約考」或「重修及約考」（見圖3-16），即可根據提示完成該門課程的考試預約或課程重修。

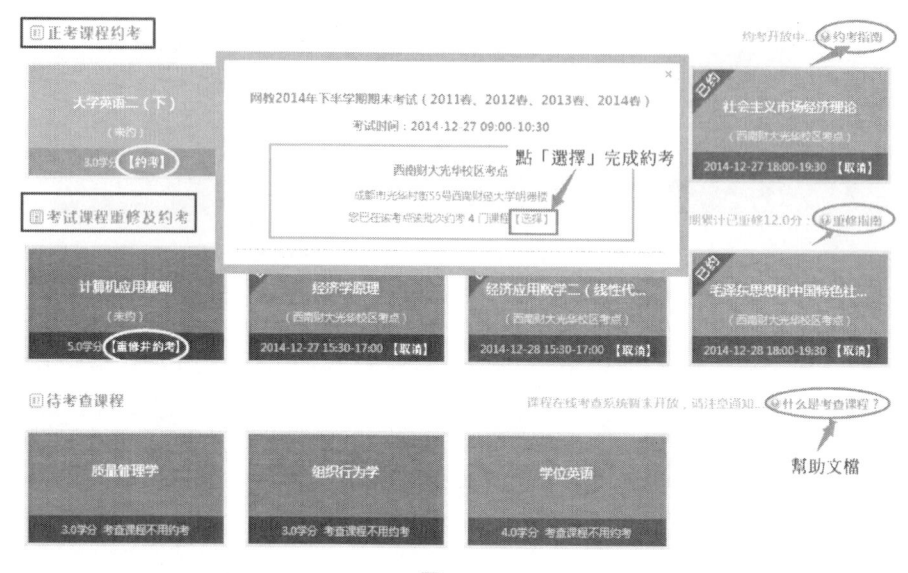

圖 3-16

特別提示 1：
　　同一門課程如有多個考試時間或地點的，你可根據系統提示自主選擇適合自己的考試時間或考點（見圖 3-17 和圖 3-18）。

圖 3-17

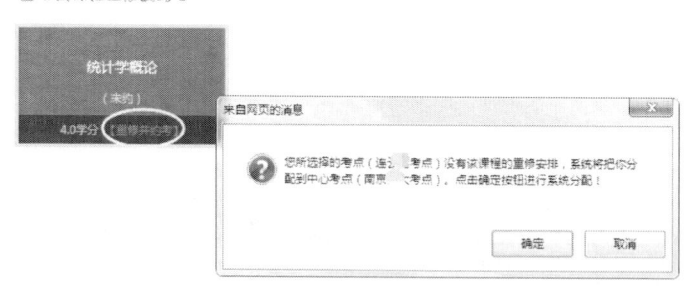

圖 3-18

特別提示2：選擇重修課程時，若選擇課程的考試時間有衝突，系統將自動提示，只能選擇其中一門（見圖3-19）。

圖 3-19

特別提示3：選擇重修時，若你選擇重修的課程當前學期並沒有教學安排和考試計劃，系統將自動提示「該門課程在本學期沒有安排考試」（如圖3-20所示），需待該門課程安排考試後再進行約考。

圖 3-20

3.2.4 獲取學校通知信息的渠道

為了避免錯過完成學業的重要環節，你需要隨時關注「西財在線」首頁的「重要通知」專欄，或通過微信關注「西南財經大學繼續教育學院」的官方微信服務號（可通過掃描如圖3-21所示二維碼關注），我們將通過發布通知、微信推送及短信群發等方式，及時將選課、約考、考試、教學、統考、成績發布等各類重要信息告知你，助你順利完成學業。

圖 3-21　官方微信二維碼

官微功能主要包括以下幾個方面：

（1）自助回覆：在公眾號輸入關鍵字「官微」，系統會自動回覆相關內容；輸入關鍵字「畢業」會自動回覆各類畢業條件（見圖3-22）。

（2）微網站：在「個人服務」菜單中你可登錄學院的微網站，完成學籍、成績等信息查詢（見圖3-22）。

圖 3-22

3.3 課程學習

3.3.1 確定學習課程

登錄學習平臺以後，看到的「我的課程」為課程導航頁面，在這裡可以看到你的「在修課程」及「已修課程」（如圖 3-23 所示）。

「在修課程」欄中為當前學期需要完成學習的課程，點擊任意課程可進入到「課程主頁」開始學習，將包含必修、選修、重修以及單獨考核課程（如畢業論文、社會實踐報告，網教本科的統考課程）。

第一學期只有必修課程，第一學期完成了選課後，第二學期將會出現選修課程。

「已修課程」欄中為往期課程，標記「未通過」的課程需要在規定時間預約重修後才能重新開始學習。

圖 3-23

3.3.2　確定學習目標

建議學生在新學期開學時，根據學校的教學安排、「在修課程」中的課程數量及自身實際情況制訂好個人學習計劃。

> 溫馨提示：春季學期學習時間為 3—6 月，秋季學期學習時間為 9—12 月，具體時間請在「西財在線」重要通知欄中查看當期教學安排通知。

確定好自己每月需要完成多少課程章節的學習目標後，接下來就可以正式開始網上學習了。

3.3.3　課程學習流程

圖 3-24 為課程學習流程。

中國網路教育導論

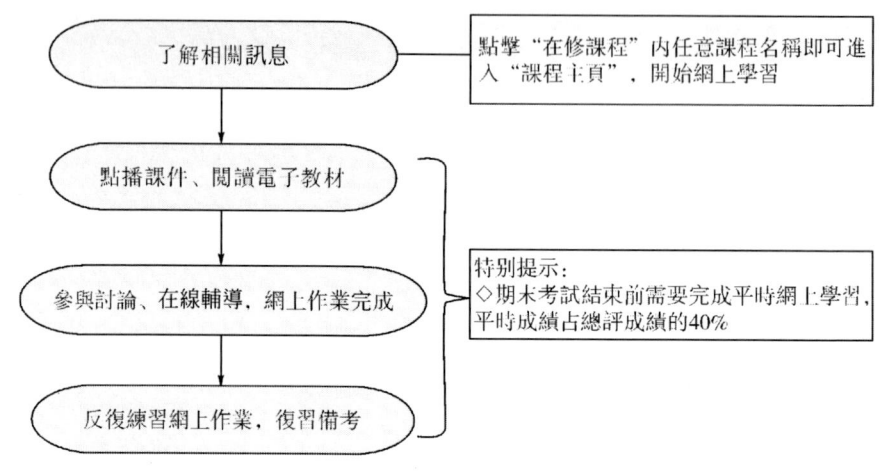

圖 3-24　課程學習流程

學生可根據自己擬定的學習計劃，在課程學習主頁中按照課程章節目錄依次完成課件學習、閱讀電子書及網上作業、參與學習社區活動等。

3.3.4 開始課程內容學習

課程的學習主要包括課件點播、閱讀電子書、參與學習社區討論和完成網上作業四個部分。學習過程中系統會自動記錄你的學習過程作為平時成績計入期末總評成績。在修課程的網上學習需要在當學期期末考試前完成，具體時間以當學期考試安排通知為準。

1. 課程主頁

課程主頁由上方的「課程學習進度記錄圖」及左下方的「在線學習」面板、右下方的「課程信息」「課程通知」和「頁面引導說明」幾大板塊構成（如圖 3-25 所示）。在此你可查詢到該門課程的整體學習情況和完成進度以及平時成績預估得分，雙擊灰色圓圈圖標還可以查看各板塊得分細則。

圖 3-25

在「在線學習」中你可以點播課件、分章節完成作業及閱讀電子教材。

在「課程相關簡介」中你可以查看課程簡介及教學團隊。

在「課程通知」中你可以看到關於該門課程的最新教學安排及學習要求變動情況。

在「課件點播日志」中你可以查看最近的課件點播時間。

2. 課件點播

在章節中點擊右側的 ▶ 播放按鈕開始課件播放。

在課件播放界面，可在右側「課件目錄」中選擇知識節點進行學習。屏幕下方可「發表評論」將個人學習體會與其他同學們一起分享（見圖3-26）。

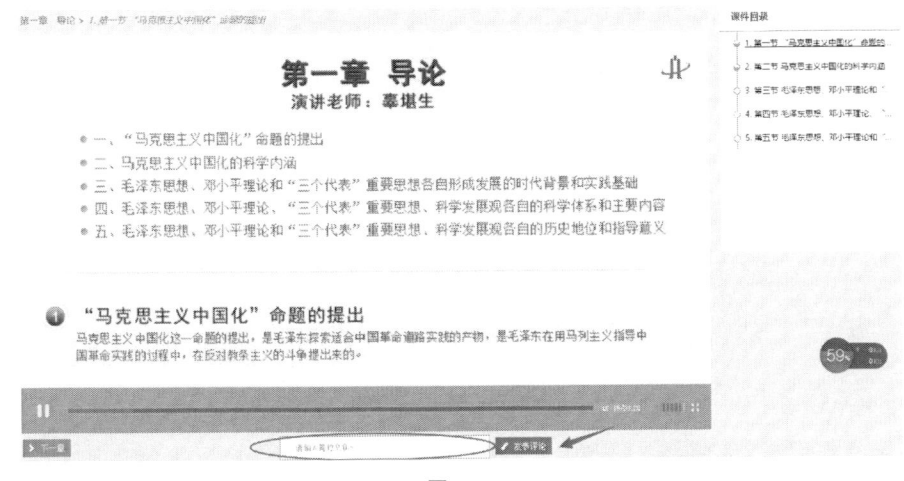

圖 3-26

3. 參與學習社區活動

「學習社區」是學生與教師之間、學生與學生之間交流互動的平臺。「學習社區」分為「課程討論區」與「學業討論區」。

「課程討論區」中你可分別查看「在修課程討論區」「已修課程討論區」和「統考課程討論區」中的內容。在討論區中課程輔導老師將根據教學進度進行導學和專題討論，並對學生提出的課程知識問題進行答疑。

點擊課程進入後，你可以選擇不同的主題查看討論內容，也可在此「發起討論」或「發起求助」（見圖3-27）。

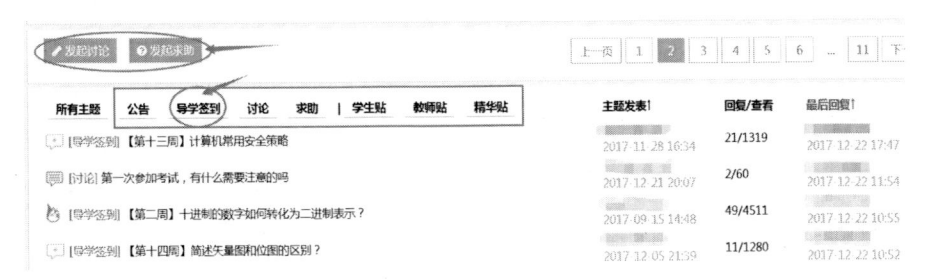

圖 3-27

查看「導學簽到」中的內容時可以進行簽到，每簽到一次記 1 分平時成績，不可重複簽到（見圖 3-28 和圖 3-29）。

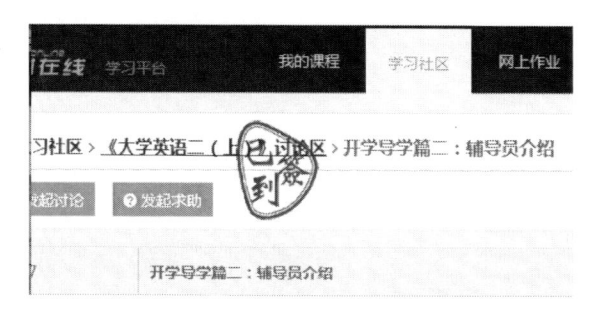

圖 3-28

圖 3-29

在頁面右下角可查看你未完成簽到的主題（見圖 3-30）。

圖 3-30

在「學業討論區」中有分年級、學期、站點和專業的討論專區，你可以有針對性地查看相關公告（見圖 3-31）。

圖 3-31

4. 完成網上作業

點擊頂部「網上作業」進入作業列表頁面，列表中的課程是當前學期所修課程（見圖 3-32）。所有網上作業需在期末考試前完成，具體時間以當學期考試安排通知為準。完成網上作業計入平時成績，占課程總評成績 24 分。

圖 3-32

點擊課程進入該科目作業題板，你可以「按照題型答題」答題，右側可查看課程作業完成情況和最近答題的記錄（見圖 3-33）。

圖 3-33

點擊題型後對應的題號即可進入答題頁面（見圖3-34）。「保存答案」後客觀題部分（選擇題和判斷題）系統自動批閱。刷新即可在題板中看到批閱結果。

圖3-34

5. 閱讀電子教材

在「電子教材」頁面中可以看到已開設課程的電子書列表及各門課程的閱讀進度（見圖3-35）。點擊課程進入後系統自動下載電子書或輔導資料。閱讀、學習電子書中的內容，其完成情況計入平時成績，占課程總評成績6分。

重要提示：請使用Fireox瀏覽器、谷歌瀏覽器或IE10、11瀏覽器閱讀電子教材。

圖3-35

閱讀後二次進入時，將自動跳轉至最近一次閱讀的位置。

3.4 考核及畢業設計

3.4.1 考核

學生所學習課程的考核方式分為期末集中考試和考查兩種，具體課程的考核方式可在「學業中心—計劃」中進行查詢。

> **特別提示：**◇「學業中心—考核」專欄為你提供了本學期可參考及重修課程的查詢及約考功能。具體操作介紹請查看本書中「瞭解如何完成學業—完成約考或重修」部分。

1. 期末集中考試

已約考的課程需要學生到所在學習中心的考點參加現場筆試，考試分為開卷和閉卷兩種形式，具體執行方式會在網站首頁「重要通知」欄中「期末考試安排的通知」裡公布。

期末集中考試時間一般為每年的 6 月和 12 月，考試都安排在週末進行，具體時間以通知為準。圖 3-36 為 12 月份的考試課程時間安排表。

考试时间	课程	备注
2014-12-27 09:00-10:30	保险精算	开卷
	财务管理	闭卷
	大学英语二（下）	闭卷
	大学英语一（下）	闭卷
	风险投资	闭卷
	公共政策分析	闭卷
	国际经济合作	闭卷

圖 3-36

考生在参加期末集中考試前三天（或規定時間內），需要登錄「學業中心—考核」專欄打印準考證（見圖 3-37），憑準考證和有效身分證件到指定的考點參加考試。準考證上列有你所需要考試的課程、考試時間、地點、座位號等信息。

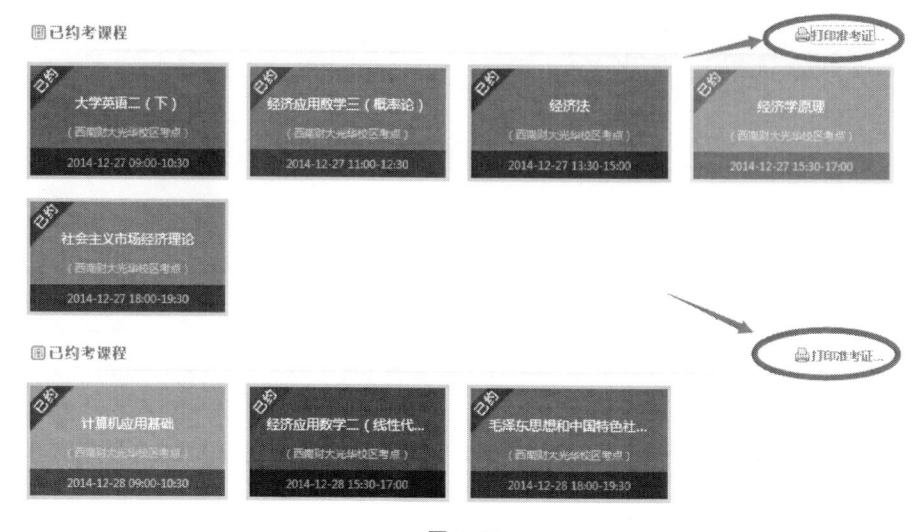

圖 3-37

2. 網上考查

當前學期學習的考查課程不需要約考，只需在學院規定的時間內登錄「西財在線」的「網上考試系統」完成即可。

網上考查方式分為兩種：
（1）提交撰寫的課程學習心得、調查報告。
（2）完成網上考試。

具體課程的考查安排，可通過首頁搜索關於「考試」的通知，查看相關信息（見圖 3-38）。

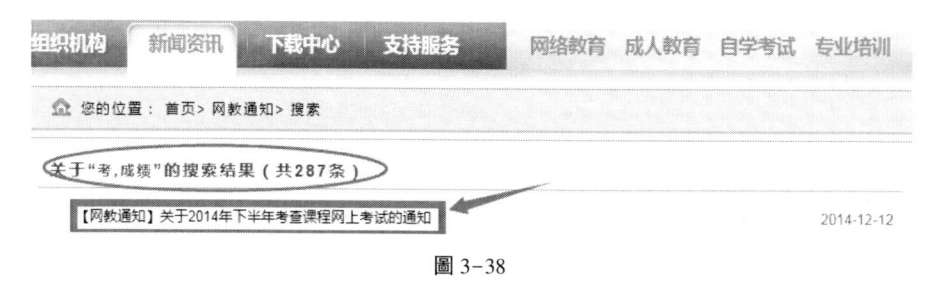

圖 3-38

需要參加考查的課程可在「學業中心—考核」專欄「待考查課程」中查看，或者點擊「考試中心」查看（見圖 3-39）。

圖 3-39

在「考試中心」頁面，點擊未參加考試課程中的「進入考試」按鈕（見圖3-40），認真仔細閱讀彈出窗口中的「網上考試須知」全部內容並「確認」後，即可進入試卷答題界面，開始網上作答。

圖 3-40

特別提示： ◇ 考查課程需要你在規定時間內登錄「在線考試系統」參加網上考核。如果你未在規定時間內參與網上考核或考核未通過的，需要在下一學期選擇重修或重新選修其他課程。
◇ 網上答題前務必認真閱讀《網上考試須知》。
◇ 由於瀏覽器兼容性的問題，請你使用IE10以上、谷歌或火狐瀏覽器登錄網站完成考試。

考試完成後，學生可在「已考課程」中查看已完成網上答題課程的答題情況（見圖3-41）。成績40天以後公布。

圖 3-41

另外，也可通過微信平臺進行答題，具體操作步驟如下：
第一步，長按掃描下方二維碼，進入「考查課網上考試」（見圖3-42和圖3-43）。

圖 3-42　　　　　　　　　　圖 3-43

第二步，輸入學號和密碼之後點擊登錄，進入考試主界面（見圖 3-44）。在「考試列表」中點擊相應考查課程即可進入該門考試界面，開始作答。

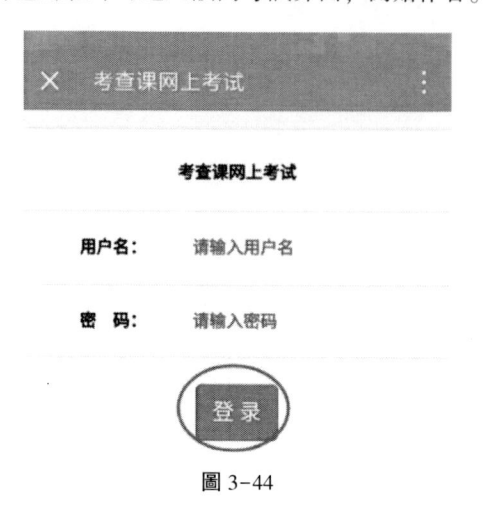

圖 3-44

3.4.2 成績

1. 成績構成

各門課程的總評成績由形成性考核成績與終結性考核成績兩部分構成（見表 3-2）。形成性考核成績（即平時成績）占總評成績的 40%，終結性考核成績（即期末考核成績）占總評成績的 60%。

表 3-2　　　　　　　　　　　　　　成績構成

成績組成部分		分值	具體說明
形成性考核成績占 40%	課程考勤	40 分	依據課程各章節課件學習情況給分：每完成一個章節課件的學習得 1.5 分，最高可得 15 分
	互動交流		依據參與討論區互動交流、發帖情況給分：進入課程討論區查看「簽到帖」內容，「簽到」一次得 1 分，自行發帖被輔導老師確定為精華帖者一次可得 3 分，最高可得 20 分（「簽到」不設置滿分）
	網上作業		依據網上作業題完成情況給分（每作答一題得 1 分），最高可得 60 分
	閱讀電子書		依據電子書閱讀情況給分（每看一頁電子書得 0.1 分，反覆看同一頁的反覆計分），最高可得 15 分
終結性考核成績占 60%		60 分	期末集中考試課程的終結性考核成績：學生參加期末考試的成績；考查課程終結性考核成績：學生提交撰寫的課程學習心得、調查報告，相關課程教師評定給予的相應成績，或在規定時間內，參加在線考試取得的相應成績。終結性考核成績為百分制，考核結果按 60% 折算後計入總評成績

形成性考核的範圍主要包括課件點播情況、閱讀電子書情況、參與學習社區討論和網上作業完成情況。學習過程中系統會自動記錄你的學習過程作為平時成績計入期末總評成績。

　　所學課程的平時成績，網上學習、作業完成情況等可以在「課程主面」中查詢。雙擊灰色模塊可查看得分細則（見圖3-45）。

圖3-45

2. 總評成績發布

　　集中考試課程及網上考查課程總評成績均在考試結束後40天後統一發布。發布後，考生可在「學業中心—成績」專欄中查詢總評成績及取得的相應學分、通過時間（見圖3-46）。

圖3-46

　　所學課程的總評成績發布後，總評成績合格，方可取得該門課程對應的學分。如你尚在學習過程中，或只完成了平時網上學習或只參加了期末考核，而總評成績尚未發布，均不能取得該門課程的學分。

3. 成績復核

　　如果你對當前學期課程總評成績有異議，可在成績發布後20天內向所屬學習中心提出復核申請，過期則無法辦理（具體流程見圖3-47）。

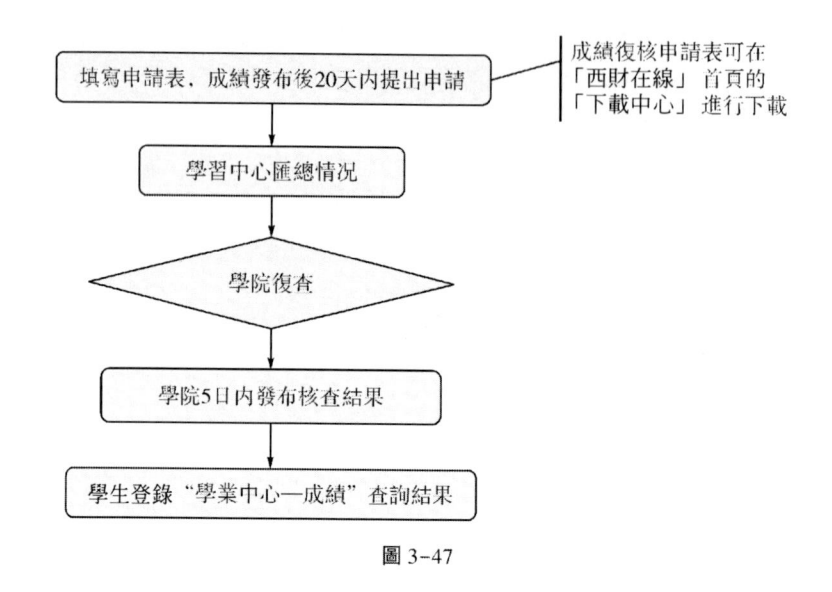

```
填寫申請表，成績發布後20天內提出申請  ——  成績復核申請表可在
                                        「西財在線」首頁的
              ↓                          「下載中心」進行下載
       學習中心匯總情況
              ↓
          學院復查
              ↓
     學院5日內發布核查結果
              ↓
  學生登錄"學業中心—成績"查詢結果
```

圖 3-47

3.4.3 畢業設計

專科及專升本的學生需要在第 4 至 5 學期、高起本的學生在第 8 至 9 學期完成畢業設計環節課程。其中，專科學生為撰寫社會實踐報告或課程學習體會，本科生為撰寫畢業論文。在課程主頁中，你可觀看相關寫作指導視頻。

1. 社會實踐課程

社會實踐活動是學校教育向課堂外的一種延伸，也是推進素質教育進程的重要手段。社會實踐報告內容可以是暑期社會實踐活動、「青年志願者」活動、社會調查和考察、社會服務、環境保護活動、勤工助學活動、軍訓、專業實習、課程學習體會等。

（1）專科實踐課程完成的時間。

學生需要在規定時間內完成社會實踐報告或課程學習體會的撰寫，並在網上提交，由指導老師判斷是否合格。

春季學期：一般為 3—4 月；秋季學期：一般為 9—10 月（具體時間以當次通知為準）。

（2）專科實踐課程寫作流程。

①登錄「學習平臺」在「我的課程—實踐環節」中進入課程主頁（見圖 3-48）。

3 網絡教育學習介紹

圖 3-48

②在課程主頁中，學習專科社會實踐報告寫作指導視頻，然後點擊「進入撰寫平臺」開始寫作（見圖 3-49 和圖 3-50）。

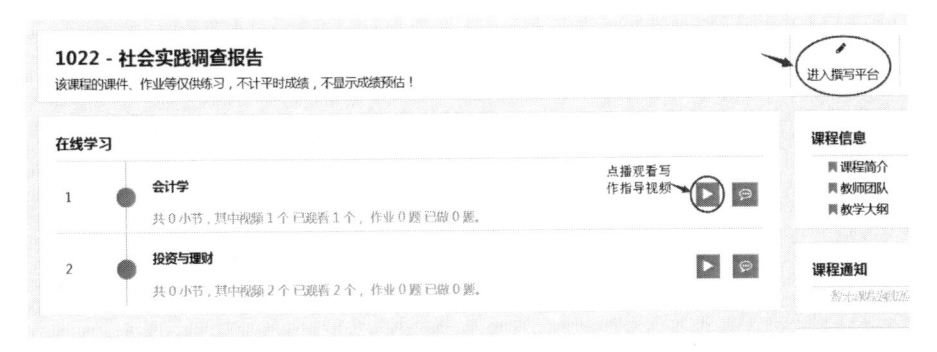

圖 3-49

圖 3-50

47

③文稿提交後一週內分配指導老師。

④老師指導，並給分（不合格的可重新上傳），圖3-51為老師指導記錄。

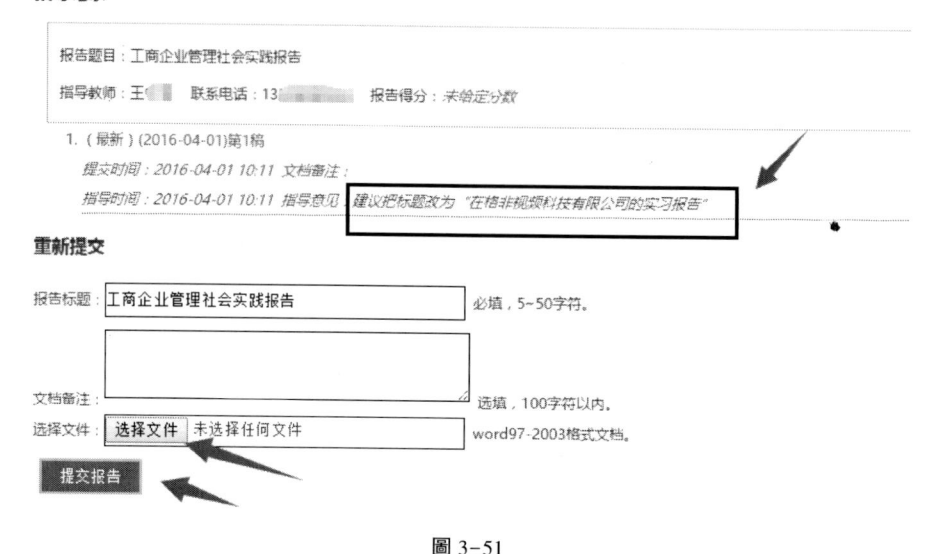

圖3-51

(3) 專科實踐課程的寫作要求。

①字數800~1,500字，並按「下載格式說明及範例」中的範文樣本要求執行排版；

②格式要求：.doc文檔（高版本Word請另存為Word97-2003格式）；

③具體要求及細節，請注意查看「西財在線」首頁相關通知。

> **特別提示：** ◇ 切記獨立按時提交完成，不得弄虛作假，不得抄襲他人報告，否則其社會實踐報告成績以不合格處理。
> ◇ 沒有在規定時間內完成的，可能會推遲畢業。

(4) 專科實踐課程成績。

該課程不計平時成績，成績由指導老師根據完成情況給定（見圖3-52）。

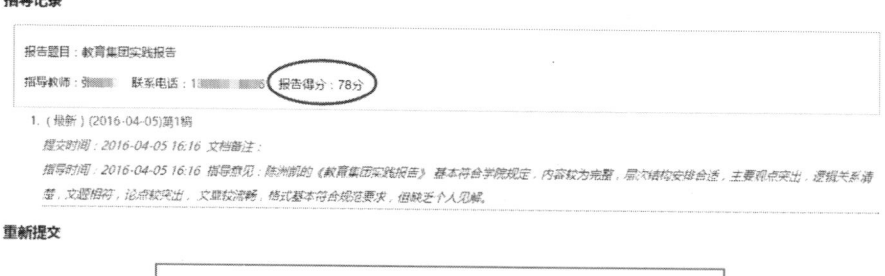

圖3-52

2. 畢業論文

完成畢業論文分為六個階段：選題、初稿提交、指導、定稿、網上答辯和現場答辯。前五個階段均在「畢業論文平臺」中完成，現場答辯則需到學校或所在學習中心進行。在「學習平臺」中點擊「畢業論文」即可進入「畢業論文平臺」。

> 特別提示：論文寫作權限自開通起，一年內有效。如在一年後仍未完成畢業論文，權限將會自動關閉，如需要再次撰寫須向所屬學習中心申請重新開通權限。

（1）畢業論文寫作的時間安排。

畢業論文寫作的週期一般為 4 個月，你需要在規定週期內完成論文撰寫、定稿及網上答辯。

春季學期：1 月初開始，4 月底結束；成績歸檔時間：5 月底。

秋季學期：7 月初開始，11 月初結束；成績歸檔時間：11 月底。

（2）畢業論文撰寫及答辯流程（見圖 3-53。）

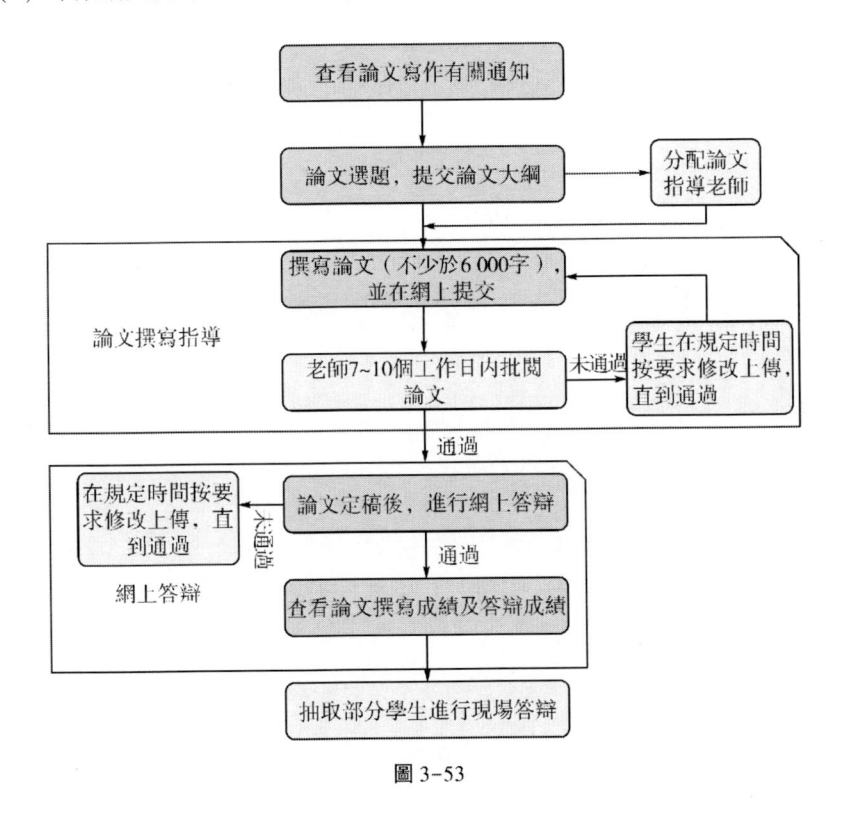

圖 3-53

(3) 畢業論文撰寫。

寫作論文前必須登錄「西財在線」後在「學習平臺」點擊「畢業論文」標籤（見圖 3-54），學習本科畢業論文寫作指導視頻、利用信息資源助力學術論文寫作後開始寫作論文。

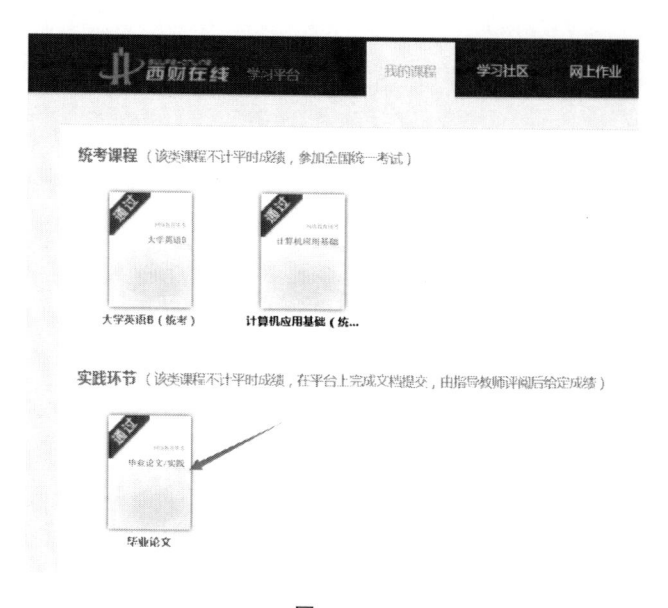

圖 3-54

畢業論文課程主頁如圖 3-55 所示。

圖 3-55

① 選題提交寫作大綱。

點擊「進入選題」開始論文選題（見圖 3-56）。

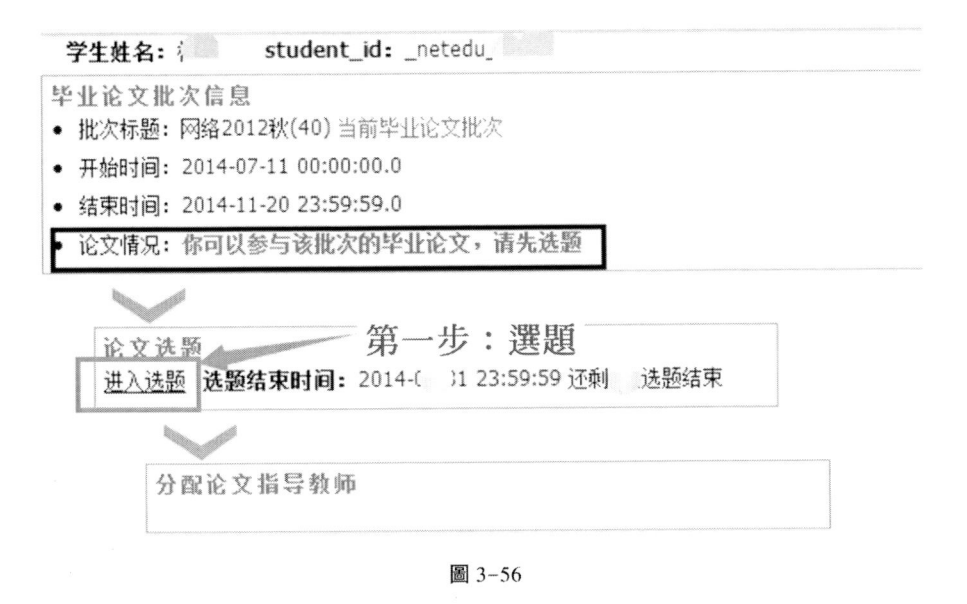

圖 3-56

雙擊適合你的論文題目進入選題卡界面（見圖 3-57）。

圖 3-57

在選題卡界面中填寫論文大綱並提交，才算完成了論文選題（見圖 3-58）。

中國網路教育導論

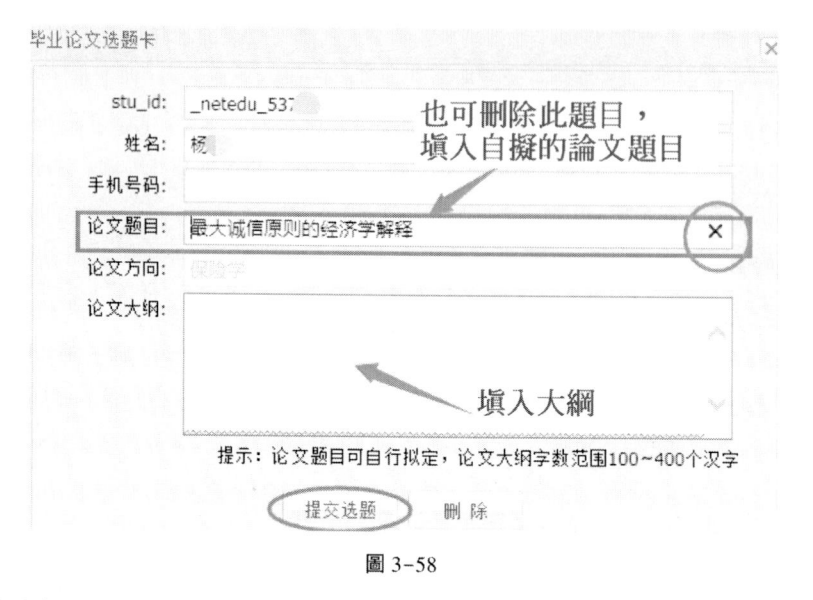

[圖 3-58]

② 公布論文指導教師。

在完成論文選題的 3~5 個工作日內，平臺將會公布你的論文指導教師，老師將會審定你的選題及提交的寫作大綱。在此期間你可開始準備你的論文基礎材料。

③ 提交論文初稿。

在平臺公布論文指導教師後，平臺將會打開「上傳論文」的權限，你就可以上傳你撰寫的論文了（圖 3-59）。

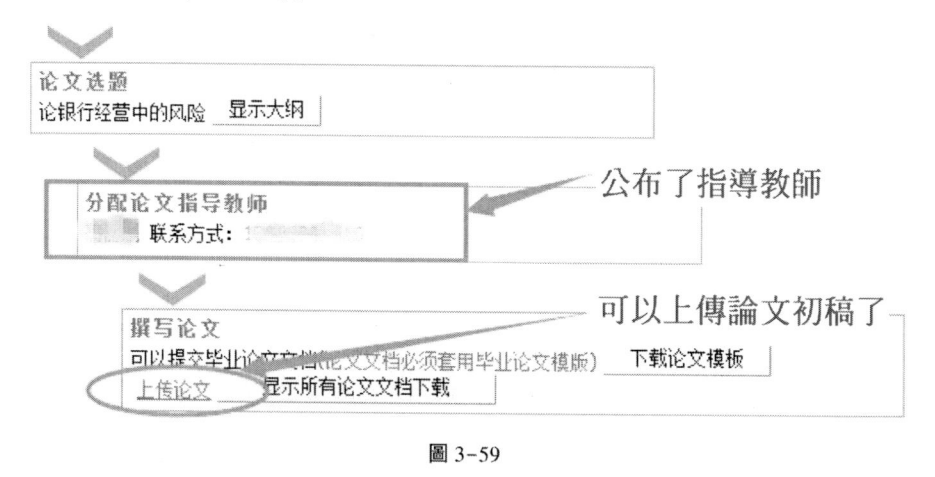

圖 3-59

特別提示：◇ 論文格式必須要按「論文文檔必須套用畢業論文模版」中的要求進行排版。
◇ 撰寫的論文要求正文最低不少於 6,000 字。
◇ 論文文檔必須保存為 .doc 格式的 Word 文檔，方可上傳。

④ 論文指導。

提交論文後，指導老師將在 7~10 個工作日內為你指導論文，寫出相關評語。點擊「顯示所有論文文檔下載」即可看到老師的相關指導和評語。你需要根據「指導評語」的內容來修改及完善你撰寫的論文，並重新上傳（見圖 3-60）。反覆此過程，直至論文合格。

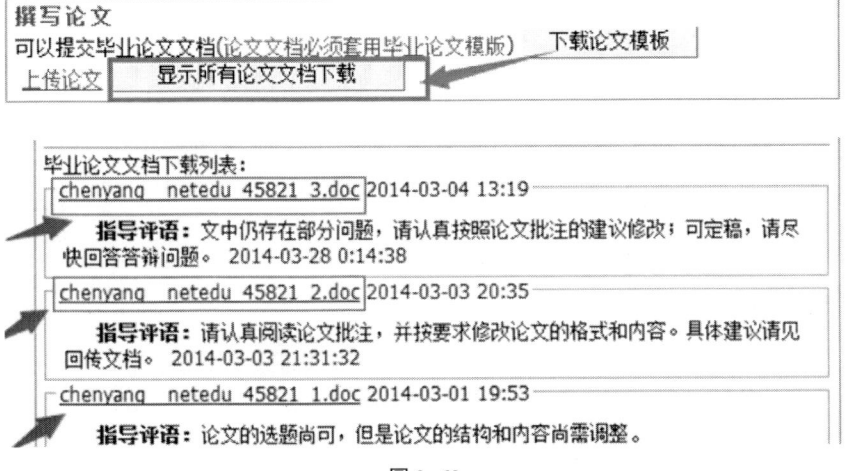

圖 3-60

> 溫馨提示：◇ 論文撰寫及指導過程中，你可通過網上預留的指導老師手機號碼與老師短信聯繫，如有疑問也可通過撥打學習支持服務熱線 4000810651 進行諮詢。
> ◇ 老師給出論文撰寫成績後，系統將自動關閉上傳撰寫論文的權限。
> ◇ 論文寫作期間應隨時關注論文指導評語，並根據指導內容及時修改及上傳。

論文通過了指導老師的評審定稿後，老師將給出你的「論文撰寫成績」，並提出「書面答辯問題」。

（4）畢業論文答辯。

① 網上答辯。

點擊「顯示書面答辯問題」查看老師提出的書面答辯問題；點擊「下載答辯模板」處的答辯稿模版，撰寫填入書面答辯稿；上傳書面答辯稿（見圖 3-61）。當指導老師認定書面答辯合格後，將會給出論文書面答辯成績。

圖 3-61

② 抽取現場答辯。

系統按一定規則隨機抽取部分學員參加學校本部或各學習中心組織的論文現場答辯。參加現場答辯人員名單將會以通知的形式在「西財在線」首頁中公布，具體答辯地點由各學習中心統一短信或者電話通知。如你被抽取到現場參加答辯，請答辯當日攜帶準考證、身分證入場。

（5）畢業論文成績。

指導老師認為你的論文撰寫及書面答辯都通過後，將會給出相關成績及畢業論文的評語。至此，你的整個畢業論文寫作環節就結束了（見圖3-62）。

未參加現場答辯的論文成績以網上論文書面成績和網上書面答辯成績為準。

畢業論文成績＝網上論文書面成績×60％ ＋ 網上論文答辯成績×40％

參加現場答辯的論文成績以現場答辯教師小組根據現場答辯情況給出的論文和答辯成績替代網上論文和答辯成績，作為論文最終成績。

> 特別提示：◇ 在規定時間內完成寫作的論文成績將在當前批次結束後的15天左右進行論文成績歸檔。歸檔後的成績方可作為畢業判定條件。論文超時完成或錯過歸檔日期的，將會順延至與下一批次論文成績一起歸檔。

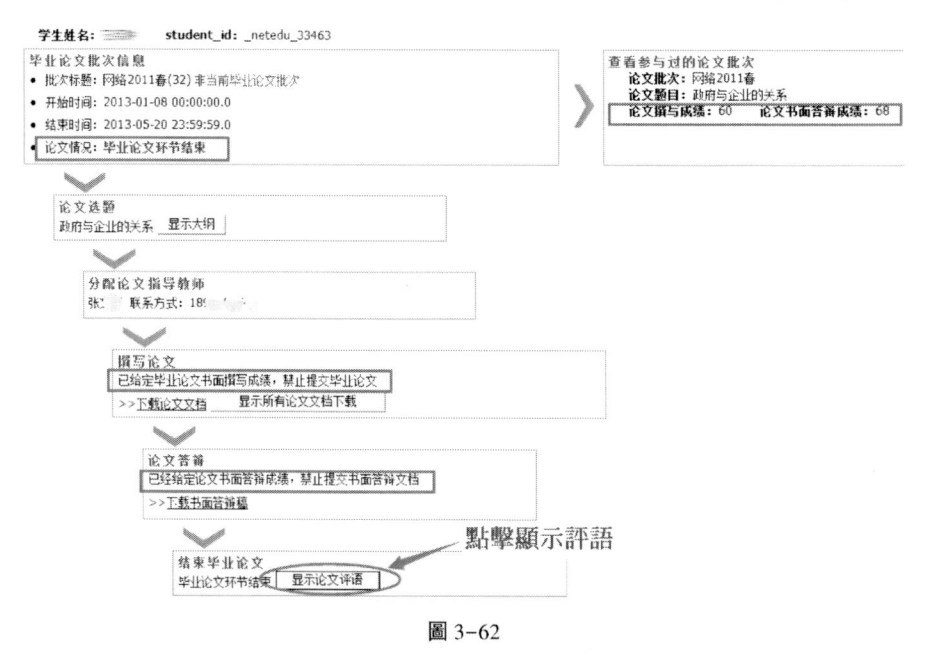

圖 3-62

論文寫作全部完成後，系統將自動提示「畢業論文環節結束」。

> 特別提示：◇ 請注意在通知規定的最後截止時間前，完成所有論文寫作環節，否則論文成績歸檔會延遲到下一個學期，影響畢業時間。

3.5 移動學習 APP

為方便學生利用碎片化時間，隨時隨地地學習，學院推出了「西財在線」移動學習 APP 客戶端。學生通過 APP 可完成網上課件學習、閱讀電子書和網上作業、查詢教學計劃和成績、完成選課及約考、諮詢留言等。

3.5.1 下載安裝

進入學習平臺後，可選擇掃描右側的二維碼獲取你需要的移動學習 APP 版本，安卓手機用戶也可點擊「直接下載」（見圖 3-63）。

圖 3-63

3.5.2 使用說明：(圖片為 IOS 版截圖)

「學習」中為當前在修課程，點擊課程進入後可播放學習課件（見圖 3-64）。

圖 3-64

「作業」中點擊課程名稱查看該門課程作業的完成情況，電腦上沒有完成的，可以在這裡繼續完成（見圖 3-65）。

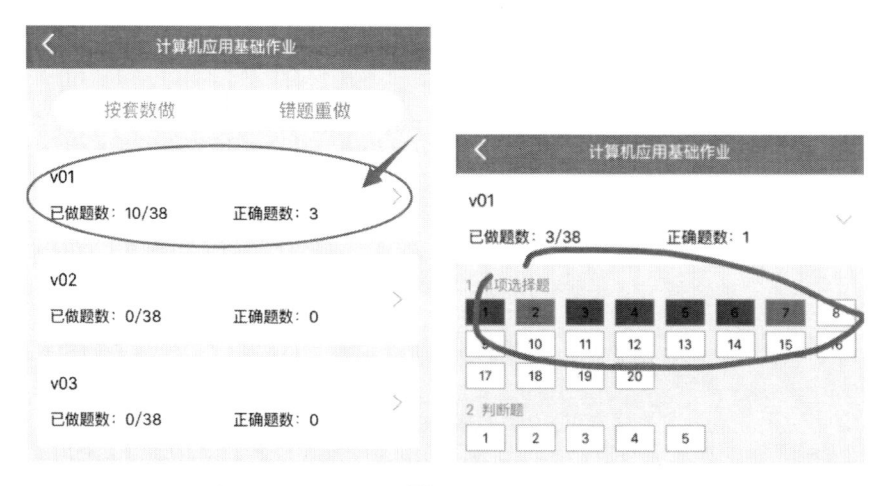

圖 3-65

答題後可通過屏幕右上角的「提交」按鈕（見圖 3-66）或者將屏幕向左側滑動進入下一題時即可保存作業（見圖 3-67）。

圖 3-66　　　　　　　　　　　　　圖 3-67

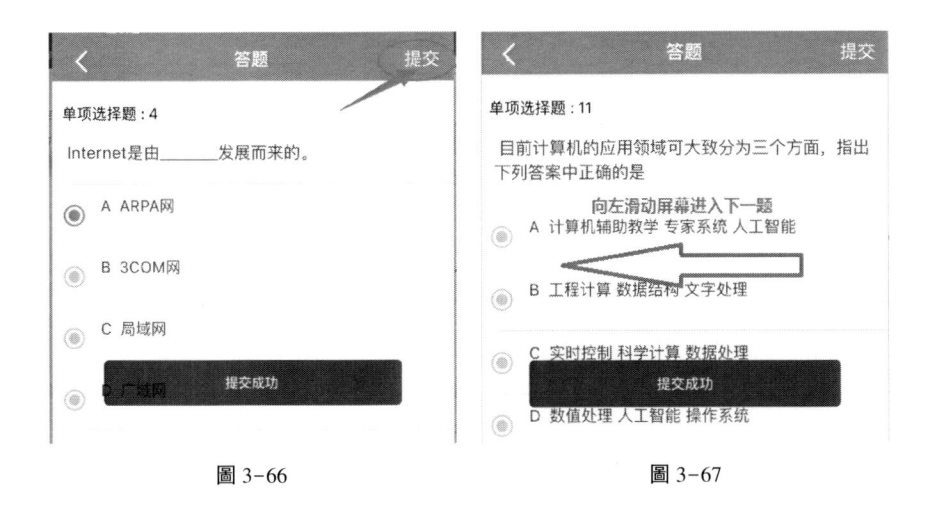

返回題板頁面將屏幕向下滑動，刷新後即可查看最新答題情況（見圖 3-68）。

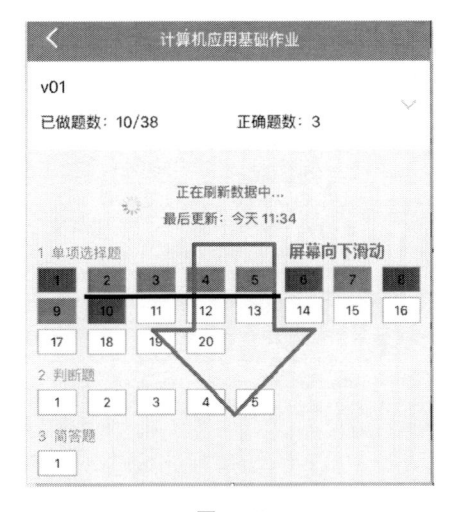

圖 3-68

「教材」中可看到電子書的文件大小（下載使用的流量）。點擊相應課程在提示窗口中確認「開始下載」，下載成功後即可閱讀電子書了（見圖 3-69）。二次登錄閱讀時將自動回到你上次閱讀的位置（見圖 3-70）。你在 APP 中閱讀電子書時同樣可以進行塗鴉、添加筆記和增加書簽等功能（圖 3-71）。

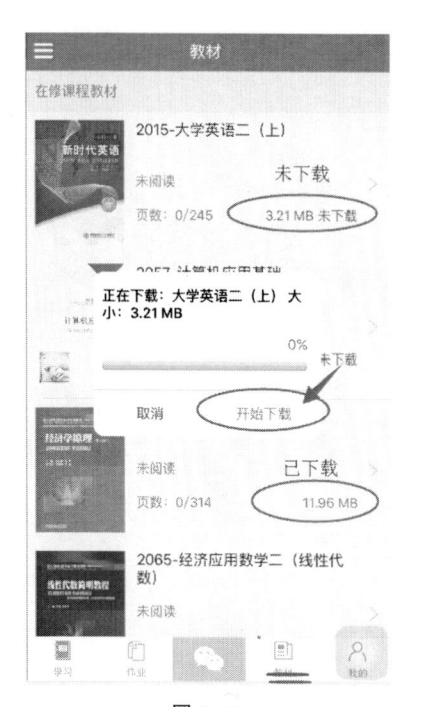

圖 3-69　　　　　　　　　　　　　圖 3-70

圖 3-71

圖 3-72 下方一排圖標的功能如下：

點擊 ≡ 按鈕，查看課程目錄；

點擊 ✎ 開始塗鴉標記；

點擊 🔍 按鈕，在頁面頂部的搜索欄中輸入需要查找的關鍵字，能快速找到所需要的內容；

點擊 ↻ 按鈕，快速定位頁面。

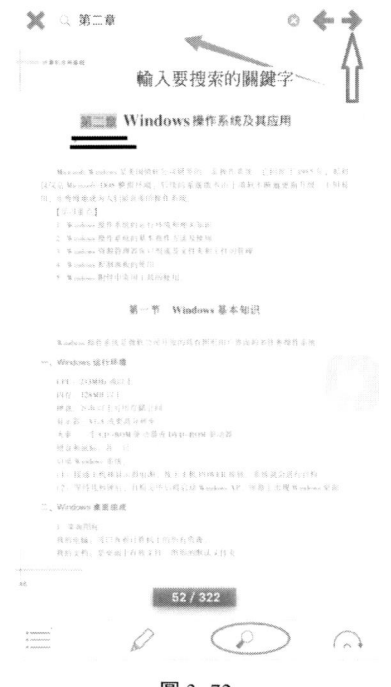

圖 3-72

更多輔助功能可點擊 進行查看（如圖 3-73 和圖 3-74 所示）。

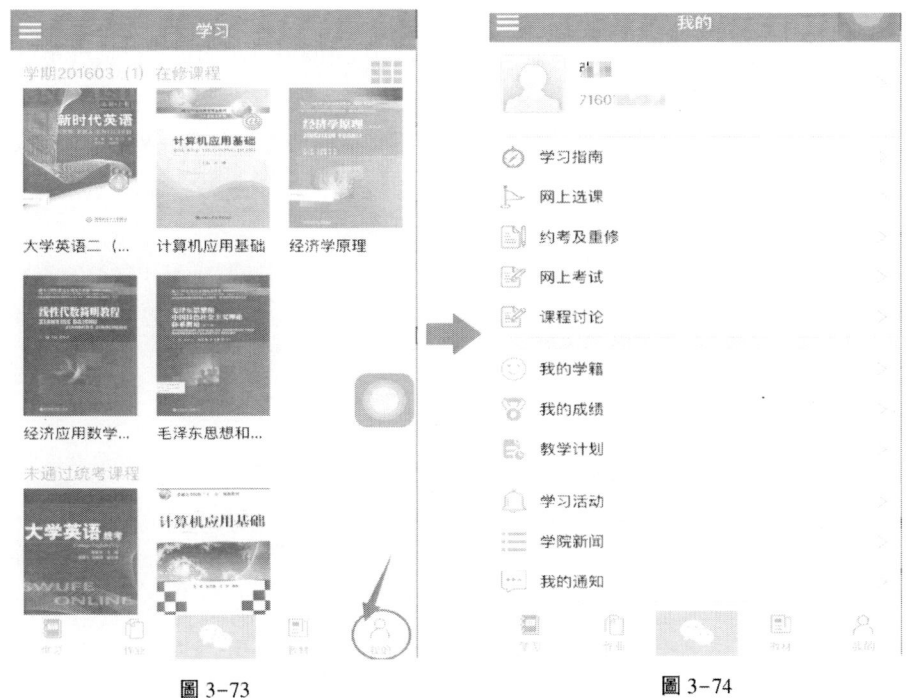

圖 3-73　　　　　　　　　　　圖 3-74

4 統考、畢業及學位

4.1 統考

4.1.1 全國統考

全國統考是指教育部對現代遠程教育試點高校網絡教育部分公共基礎課實施的全國統一考試，由教育部統一命題，各地、市級以上電大組織的考試。所有統考科目成績合格是畢業條件之一。

根據教育部教高［2004］5 號文件要求，我院專科起點本科學生需參加大學英語（B）和計算機應用基礎兩門課程的全國統一考試，高中起點本科學生還需加考大學語文（B）。每門課程考試時間為 90 分鐘，閉卷機考。

統考每年組織三次，分別在 4 月、9 月、12 月，在學籍有效期內，符合統考條件的，取得學籍的第二年起可進行報考。為有效利用考試資源，報考後有棄考行為的考生每個科目的報考次數限定為 3 次。考前 2 個月可在網上報名繳費，報考費用為 35 元/科，具體報名及考試時間由教育部網考委安排，請留意學院首頁通知或官方微信推送內容。考點原則上在當地的區市級以上電大，報考時需選擇具體的考點。

特別提示：◇ 建議你入學後可報考相關證書免試相應統考課程。

◇ 如果你符合免考條件，請盡快到學習中心辦理相關手續。

全國統考流程如圖 4-1 所示。

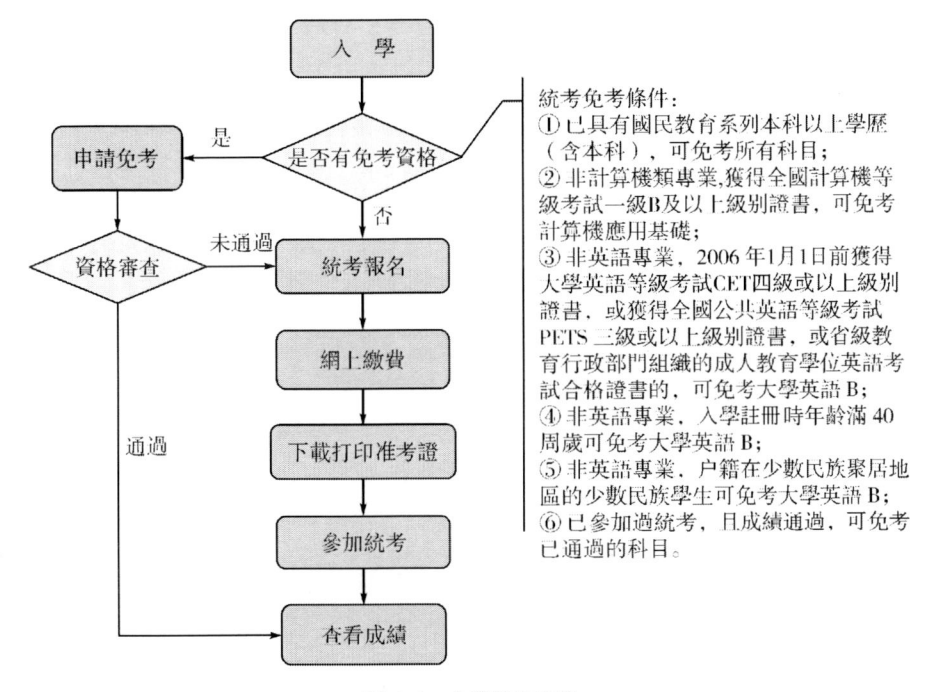

圖 4-1 全國統考流程

統考免考條件：
① 已具有國民教育系列本科以上學歷（含本科），可免考所有科目；
② 非計算機類專業，獲得全國計算機等級考試一級B及以上級別證書，可免考計算機應用基礎；
③ 非英語專業，2006年1月1日前獲得大學英語等級考試CET四級或以上級別證書，或獲得全國公共英語等級考試PETS三級或以上級別證書，或省級教育行政部門組織的成人教育學位英語考試合格證書的，可免考大學英語B；
④ 非英語專業，入學註冊時年齡滿40周歲可免考大學英語B；
⑤ 非英語專業，戶籍在少數民族聚居地區的少數民族學生可免考大學英語B；
⑥ 已參加過統考，且成績通過，可免考已通過的科目。

4.1.2 全國統考免考辦理

申請時間：每次統考報考期間均可申請辦理。

申請免考步驟：

（1）根據免考條件準備相應的證件（如身分證、英語四六級證書、學位外語合格證、公共英語三級證書合格證、計算機等級證書、本科畢業證書）的掃描件。

（2）帶證書原件到所屬學習中心審查，審查通過後將申請表和掃描件交所屬學習中心；

（3）統考成績發布後可進入「考生個人信息管理系統—考生報考—免考信息」查看審核結果，或在「學業中心—成績」中查看。

《統考免考申請表》可在「西財在線—下載中心—公共文檔」中下載。

4.1.3 網絡教育統考網上報考、繳費操作指南

1. 考生個人信息管理系統註冊

統考系統即「考生個人信息管理系統」。「考生個人信息管理系統」為考生提供基本信息查看、成績信息查看、歷史報考信息查看、打印準考證、考生個人報考、報考信息查看、免考信息查看、報考科目確認等功能。首次登錄「考生個人信息管理系

統」，需要先進行註冊。註冊登錄流程見圖 4-2。

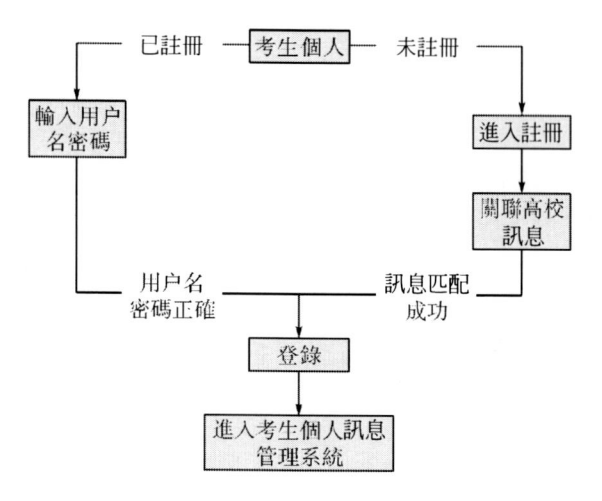

圖 4-2　註冊登錄流程圖

（1）考生註冊獲取平臺 ID 及密碼。

第一步：登錄中國現代遠程與繼續教育網（http://www.cdce.cn），從「網院考生入口」進入「考生個人信息管理系統」登錄頁面（見圖 4-3）。

圖 4-3

第二步：未註冊考生通過點擊註冊按鈕，進行基本信息的註冊。考生需要填寫自己的用戶名、登錄密碼及校驗碼進行註冊，注意填寫真實有效的郵箱、手機號、證件號來進行註冊（見圖 4-4）。

圖 4-4

第三步：選擇「西南財經大學網院」，填寫有效的學號、證件號，輸入校驗碼，並確認（見圖 4-5、圖 4-6 和圖 4-7）。

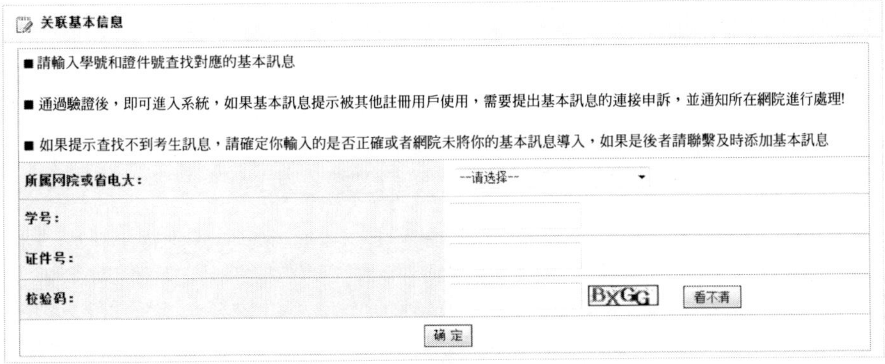

圖 4-5

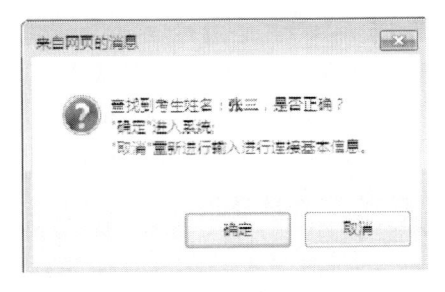

圖 4-6 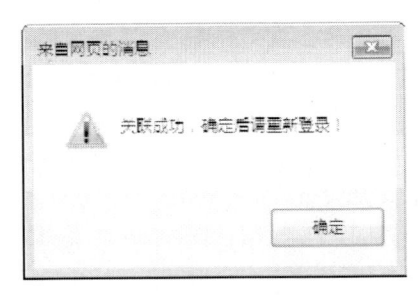　　　　　　　　圖 4-7

（2）統考平臺 ID 及密碼找回。

當你忘記統考平臺的登錄 ID 或密碼時，可致電 4000810651 或諮詢所在學習中心，憑有效證件或學號查詢登錄帳號。你也可通過統考信息管理系統登錄窗口處的「密碼找回」功能找回密碼（見圖 4-8）。

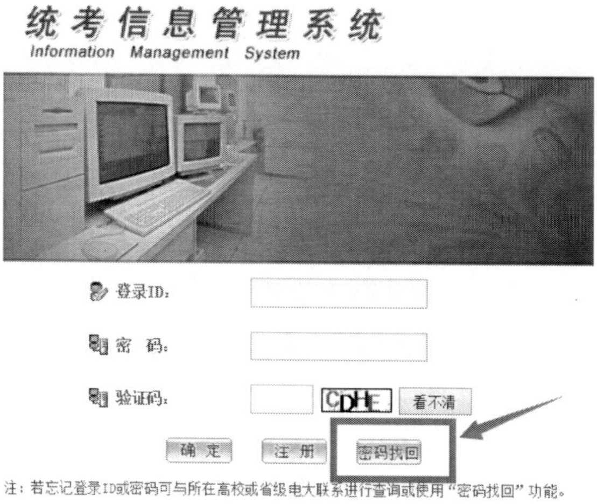

圖 4-8

點擊「密碼找回」後，系統將向你預留的郵箱發送郵件，在規定時間內完成驗證即可找回（見圖 4-9）。

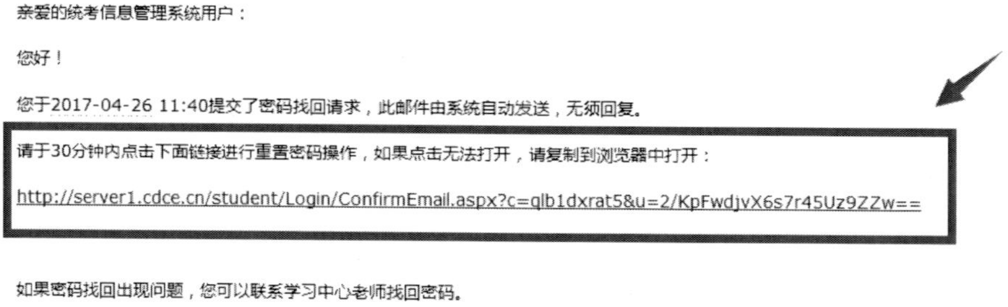

圖 4-9

2. 考生信息查看

（1）考生考試信息。

① 考生基本信息查看：可查看學校註冊的個人相關信息。如基本信息有誤，應及時與所在學習中心聯繫，報學校進行修改。考生不能對基本信息進行任何修改。

② 成績信息查看：可查看歷次的考試成績。對成績有疑問的，可申請進行成績復核。成績復核具體流程請聯繫所在學習中心或登錄 http://www.cdce.cn 查看。

③ 歷史報考信息查看：可查看歷次的報考記錄。

④ 打印準考證：準考證打印可由考生個人進行打印。準考證打印在考生報考和繳費後方可進行，準考證打印時間詳見 www.cdce.cn 公告通知，並附有「打印準考證操作

指南」提供學生下載準考證的使用方法（見圖 4-10）。

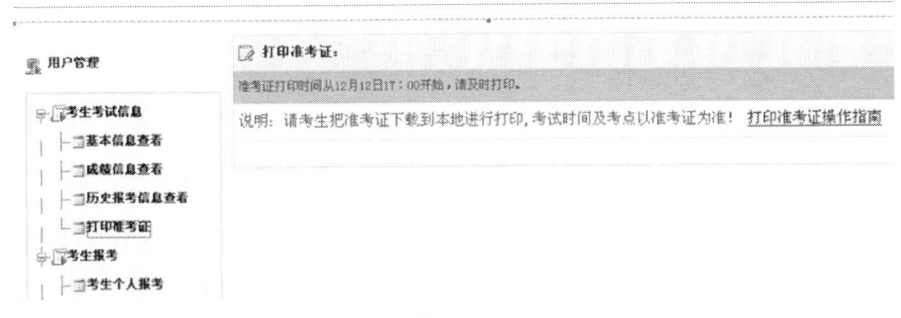

圖 4-10

（2）註冊信息修改。
① 密碼修改：考生可通過此功能修改註冊的密碼。
② 註冊信息修改：考生可修改登記的電子郵件及手機號。
3. 考生個人報考
報考時請注意：統考報考開放期間的第一天和最後一天由於報考人數較多，經常會出現網絡擁堵，導致統考「考生個人信息管理系統」登錄緩慢的情況。你可以避開高峰時段或者嘗試多登錄幾次。
（1）異地報考。
根據教育部網考委的規定，報考考點只能選擇所屬學習中心所在省（市、自治區）設立的考點。如個人因特殊原因確實需要跨省異地考試的學生，必須在每次統考報考前的規定時間內先向所屬學習中心申請。由學校報網考委審批通過後，方可跨省報考。
（2）報考前工作準備。
瞭解網上支付相關銀行，查看支付說明，點擊「進入報考信息添加」（見圖 4-11）。

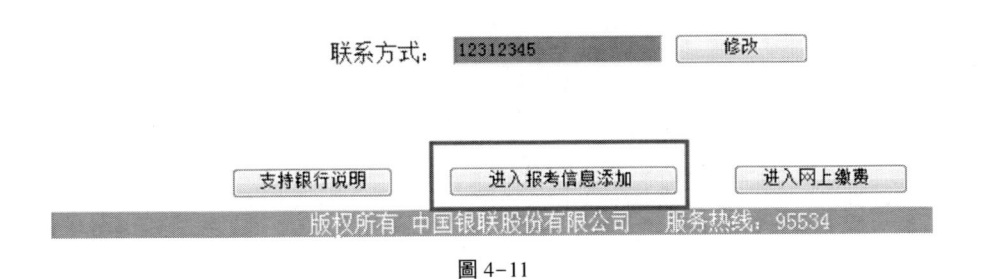

圖 4-11

（3）選擇考點。
通過「考生個人報考」功能，在此頁面中選擇要報考的省市、考點（見圖 4-12）。

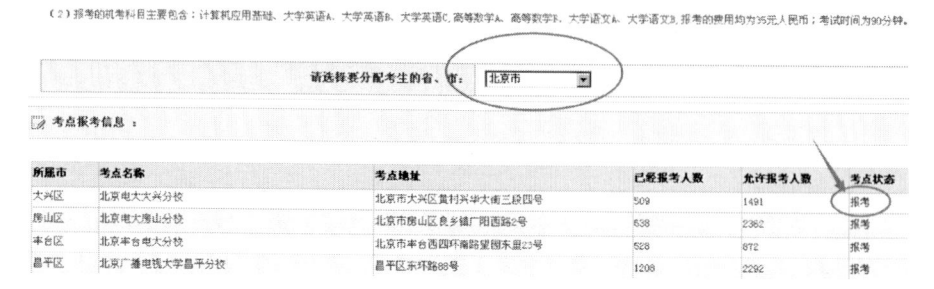

圖 4-12

如果考生選擇考點省份與學習中心所在省份不一致，需選擇異地報考的原因。

（4）添加報考科目。

考生選擇報考考點後面的藍色「報考」字樣，進入報考科目界面（見圖 4-13）。

圖 4-13

考生可查看報考時間、考場某一科目可報考人數及全部報考人數，根據自己的時間選擇考試顯示時間內的某一時刻，點擊「選擇」進行報考。選擇報考後，下方「已選擇的考試科目」會顯示剛才已報考的科目。科目不正確，可進行「刪除」。

說明：

① 可報考人數為「0」時，表示此時間段報考人數已滿，可選擇其他時間報考。

② 報考時，不同科目可選擇不同的考點。

注意：

① 提交報考信息 30 分鐘內，需進行繳費。超時後，系統將自動清除選擇的考試時間。

② 報考科目考試時間不能選擇同一時間。

③ 同科目不同級別在同次考試中只能報一門。如大學英語 A、B、C，只能報其中一門。

④ 已合格科目或免考科目不能再次報考。
⑤ 作弊替考考生取消考試資格，不能進行報考。
⑥ 考生報考的科目，必須由考生完成繳費。

考生添加報考信息，如發現報考科目或考試時間錯誤，可通過「報考信息查看」功能進行修改或刪除，重新添加報考信息（見圖4-14）。

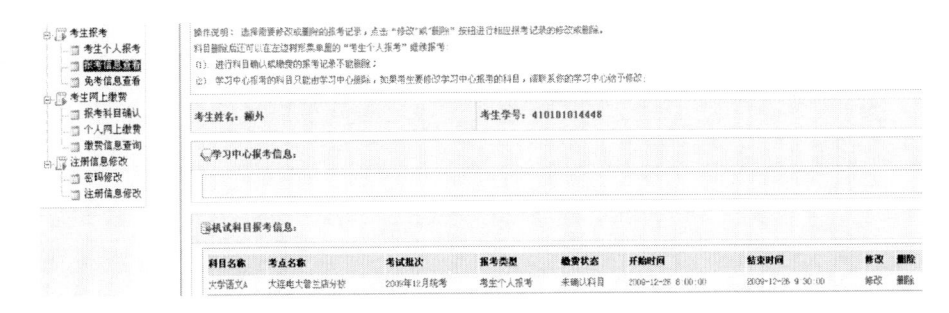

圖4-14

「報考信息查看」功能可查看所報考的考點、報考科目、報考類型、繳費狀態等信息（見圖4-15）。

圖4-15

完成個人報考工作後，點擊「考生網上繳費—個人網上繳費」進入繳費頁面。

第一步：點擊「考生網上繳費—報考科目確認」對報考科目進行確認，生成相應繳費清單（見圖4-16）。

圖 4-16

科目確認是對所有報考科目進行確認，可以選擇部分或全部進行繳費，生成繳費單。確認完成後，如果有未確認的，可以再次進行確認。確認報考科目時，如發現報考類型為學習中心報考，請及時聯繫學習中心進行科目確認及繳費。或通知學習中心刪除報考科目，由考生本人完成報考及繳費操作。

第二步：科目確認完成後自動進入繳費主界面。考生再次登錄系統時，可通過個人查詢系統中「考生網上繳費」菜單下的「個人網上繳費」進入繳費頁面（見圖 4-17）。

圖 4-17

繳費單狀態說明：

① 未繳費：未繳費狀態指考生未完成繳費，需要對繳費單進行網上支付操作。

② 繳費中：當發起交易收不到銀行回覆時，此時無法判斷交易是否成功，繳費狀態將處於「繳費中」，考生到「個人網上繳費」功能下點擊「確認繳費狀態」，系統將

再次提交交易到銀聯進行查詢。如果收到狀態為成功，那麼繳費單自動改為「已完成繳費」；如果仍收不到回覆，繳費狀態仍會處於「繳費中」，考生稍後再次點擊「確認繳費狀態」；如收到繳費狀態為失敗，那麼繳費狀態顯示為「未繳費」，考生需要重新繳費。

③ 已完成繳費：已完成繳費狀態指已經完成交易。此時不需要再點擊「報考科目確認」或「個人網上繳費」。

在確認所有繳費科目及費用後，點擊「繳費」按鈕，進入繳費協議須知頁面，選擇「同意」後，方可進行網上繳費。

第三步：網上支付。系統自動生成了訂單號，考生需記住此訂單號，以方便進行查詢（見圖4-18）。

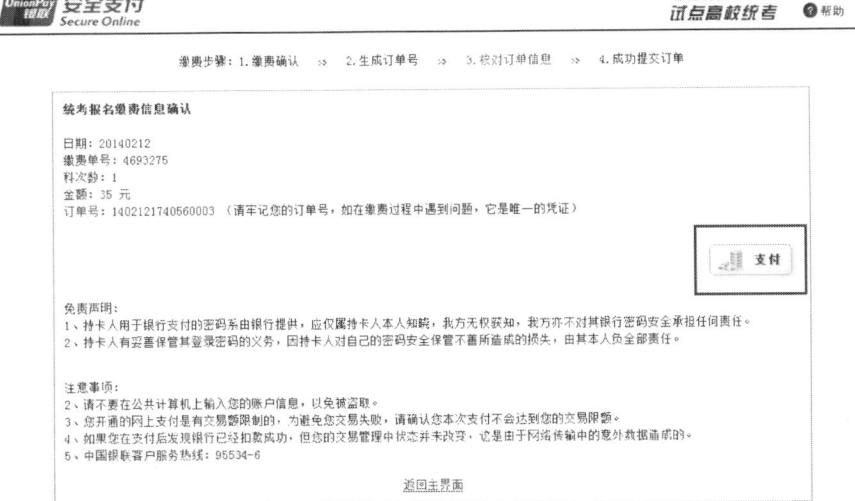

圖 4-18

點擊「支付」進入支付頁面，選擇交易銀行，將進入銀行界面，根據提示進行交易（見圖4-19）。

圖 4-19

30分鐘內，考生未完成繳費的，系統將自動清除已分配的座位。對於座位清空的考生，請點擊「返回」，進入「報考信息查看」界面手動選擇考試時間。

第四步：繳費信息查詢。考生繳費完成後，可通過個人查詢系統中「考生網上繳費」菜單下的「繳費信息查看」進入查看頁面，或通過「報考信息查看」確認科目繳費完成情況。繳費狀態顯示為「個人繳費完成」表示已完成繳費操作。

如已完成繳費，但「繳費狀態說明」中顯示為「繳費中」，可進行「確認繳費狀態」（圖4-20），並確認「確定發起交易查詢」。

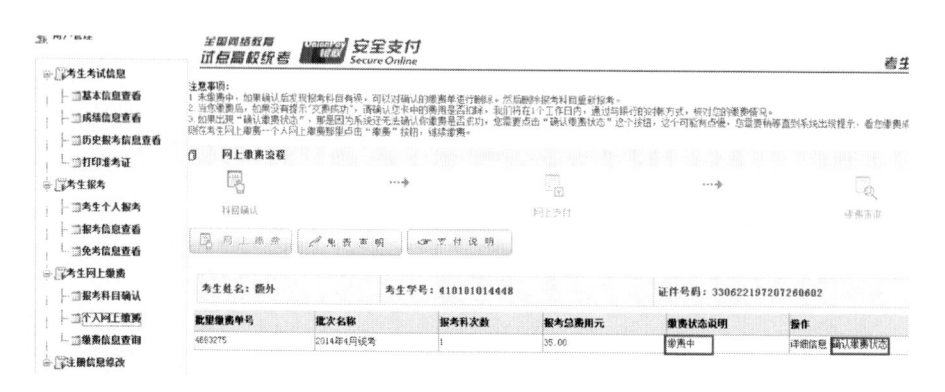

圖4-20

4. 打印準考證

第一步：考生在考試前一週在「考生考試信息—打印準考證」中下載準考證（見圖4-21）。

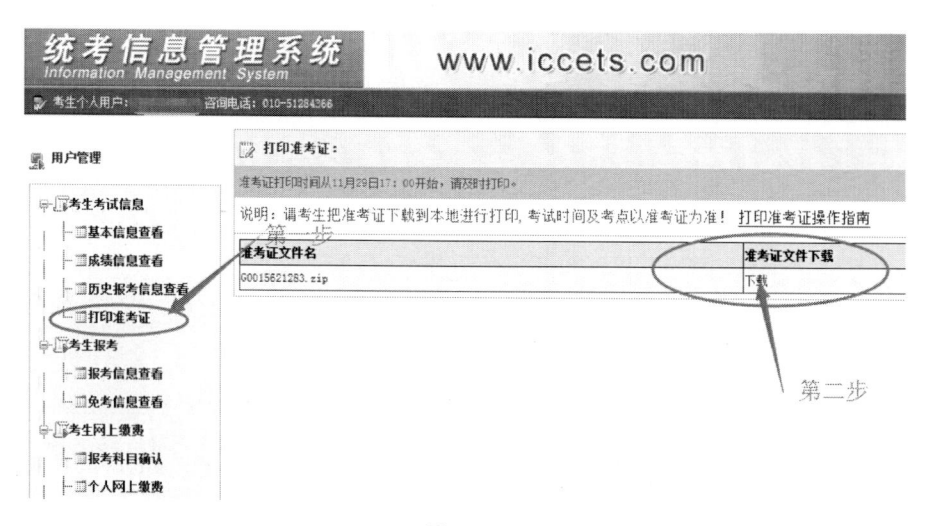

圖4-21

第二步：右擊壓縮包文件，點擊「解壓到『壓縮包的文件名』」（見圖4-22）。

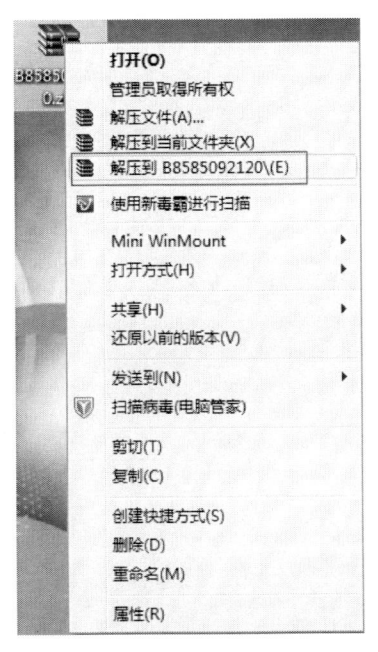

圖 4-22

　　第三步：打開所解壓的文件夾，可以看到一個 data 文件夾與一個 *.htm 網頁文件。右擊「 *.htm 」文件，選擇打開方式必須為 Internet Explorer 瀏覽器（見圖 4-23）。

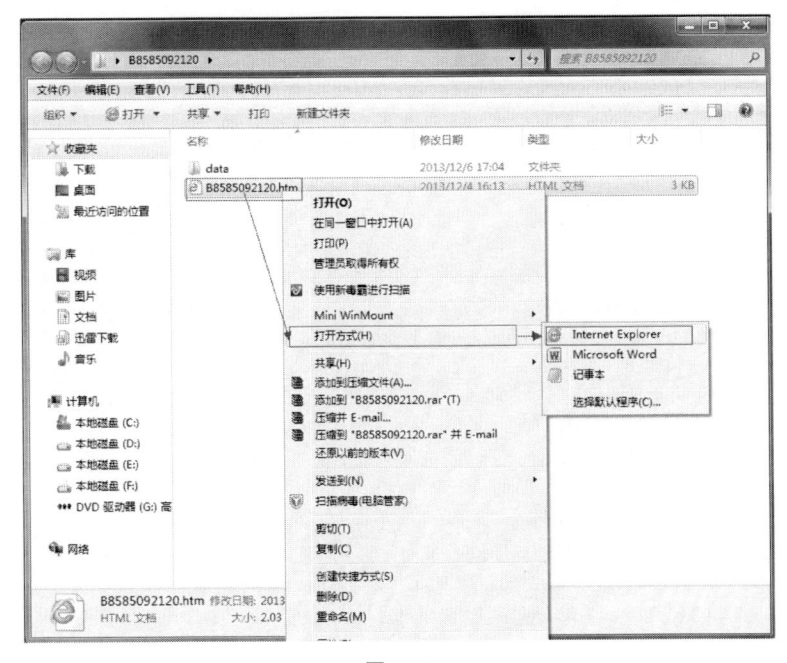

圖 4-23

第四步：看到打印須知後，點擊右下角的一串數字（準考證號）（見圖4-24）。

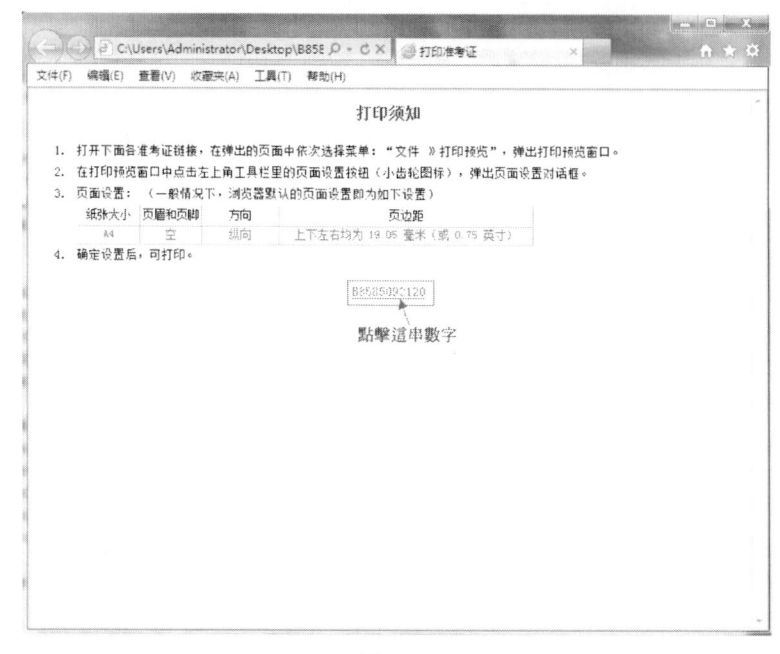

圖 4-24

第五步：打印此頁面的準考證（見圖4-25）。

圖 4-25

注意：①如果機器上裝有殺毒軟件，如安全衛士之類的，先關閉掉。

②如果是 IE8 以上版本，點擊在 IE 瀏覽器「工具」下拉菜單中的「兼容性視圖設置」，將「在兼容性視圖中顯示所有網站」前面把「對勾」選上（如圖 4-26 所示）。

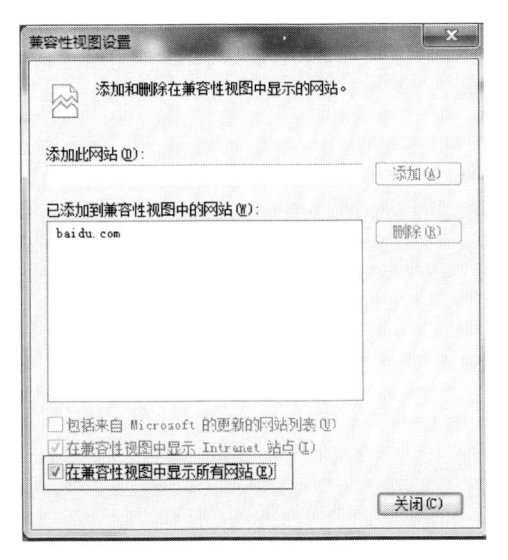

圖 4-26

4.1.4 「網絡統考」APP

「網絡統考」APP 是教育部網考辦提供的關於網絡教育統考課程模擬考試、科目練習、知識點練習、試卷下載、試題收藏、考試記錄、統考成績查詢、免考信息查詢、統考公告、考試大綱等功能的移動學習客戶端。

> 特別提示：◇ 由於電腦版統考練習系統環境配置較為複雜，推薦使用 APP 進行模擬練習。

1. 下載安裝

考生可登錄中國現代遠程與繼續教育網（http://www.ccets.com/）下載「網絡統考」APP 或掃描下方二維碼安裝（如圖 4-27 所示）。

圖 4-27

2. 註冊帳號（以下為 IOS 版操作截圖）

「網絡統考」帳號需考生自行註冊（與統考報考帳號及「西財在線」用戶登錄帳號無關），未註冊考生通過點擊「我的—註冊」中輸入相關信息進行帳號註冊（見圖

4-28、圖 4-29 和圖 4-30)。

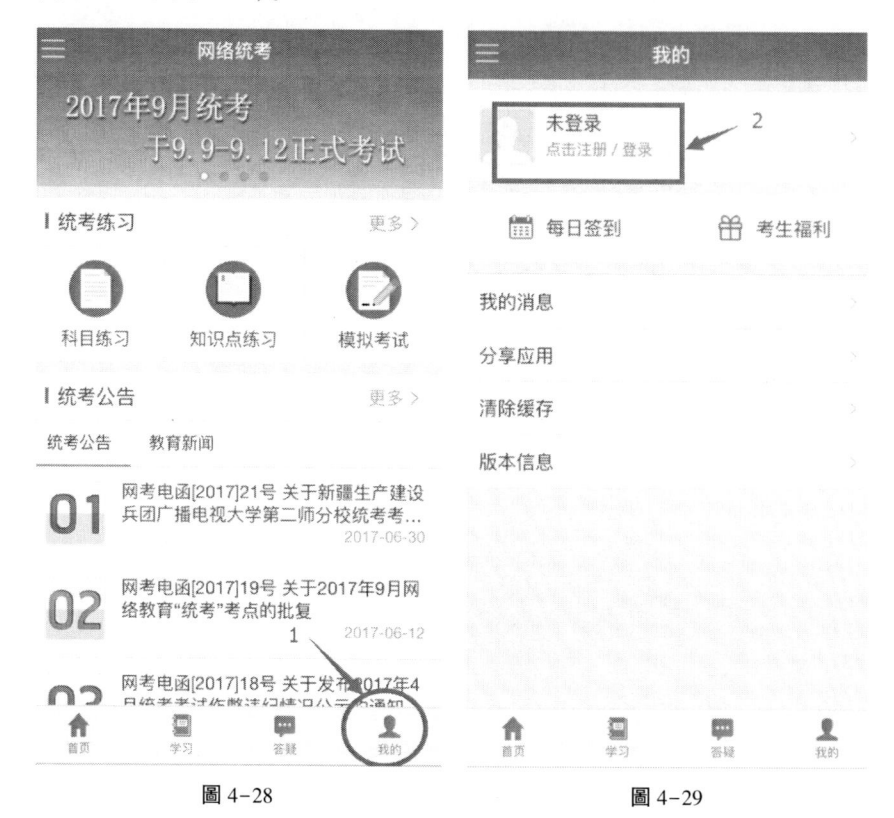

圖 4-28

圖 4-29

圖 4-30

3. 操作說明

「學習」中分別為「科目練習、知識點練習、模擬考試」(見圖 4-31)。

圖 4-31

（1）在「統考練習」板塊中任一功能點擊進入後，選擇課程名稱進入該科目練習（見圖 4-32）。完成練習題後可查看答題情況（見圖 4-33）。

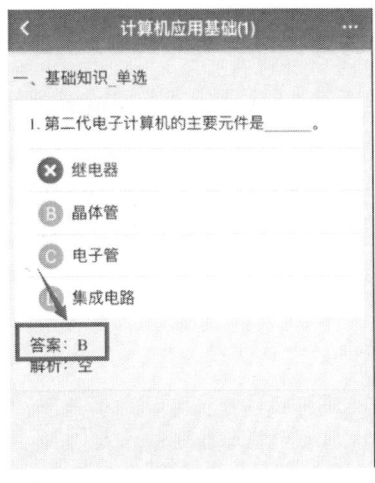

圖 4-32

圖 4-33

（2）「模擬考試」中選擇相應考試科目即可進入該門課程考試（見圖4-34），在「開始考試」界面可查看課程總分、考試時間、試卷總題數等相關信息（見圖4-35）。

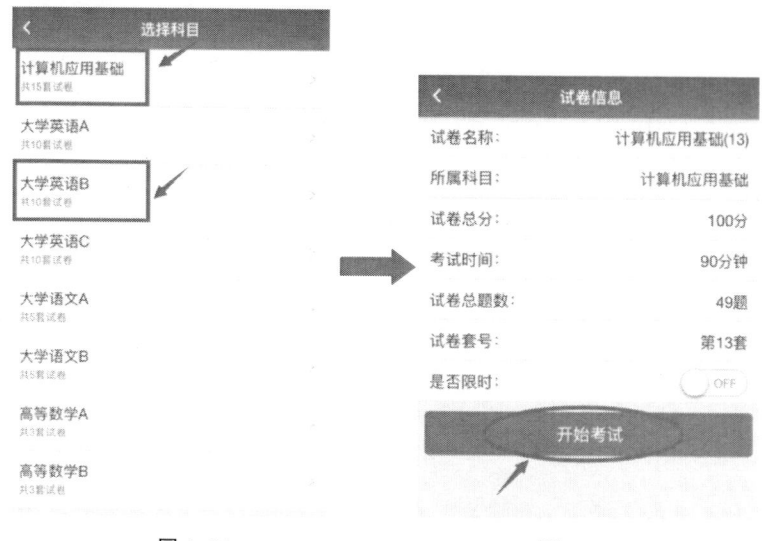

圖4-34　　　　　　　　　圖4-35

在答題過程中，如果遇到需要有針對性或需要再次加強的題，可通過下方「收藏」按鈕進行收藏，以便日後反覆練習。答題完成後可點擊屏幕右下角的「交卷」按鈕即可完成交卷（見圖4-36）。

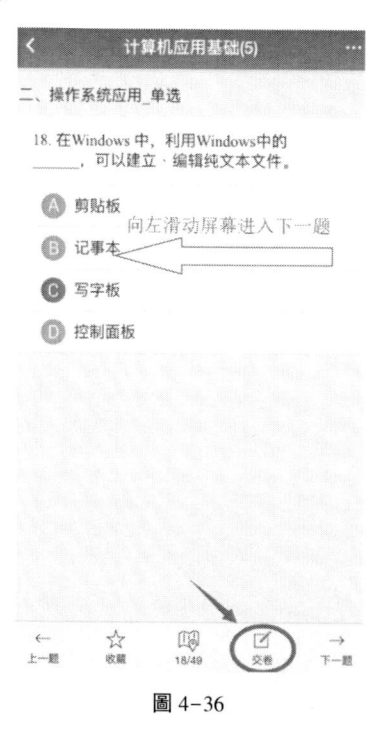

圖4-36

通過「我的試題—答題記錄」可查看具體答題情況（見圖 4-37 和圖 4-38）。

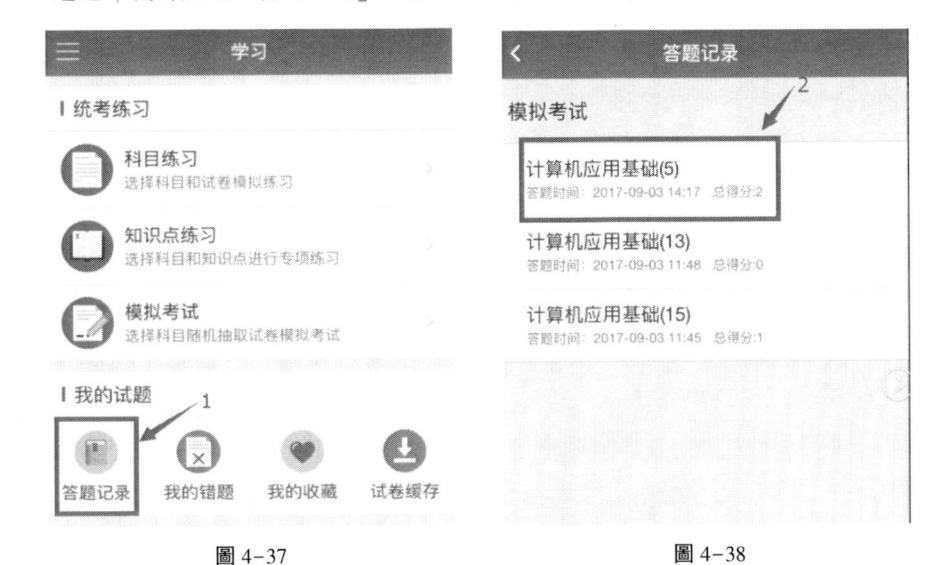

圖 4-37

圖 4-38

模擬考試過程中的錯題可在「我的錯題」菜單反覆練習，直至答對為止（見圖 4-38）。

圖 4-39

更多輔助功能可點擊 進行查看。

4.1.5 統考成績查詢

統考結束 35 天後，教育部網考委將會公布考試成績，考生可通過以下幾種方式進行查詢：

（1）登錄「統考信息管理系統」在「考生考試信息—成績信息查看」處查詢到成績（見圖 4-40）。

圖 4-40

（2）登錄「西財在線—學業中心」，在「成績」專欄中查詢（見圖 4-41）。

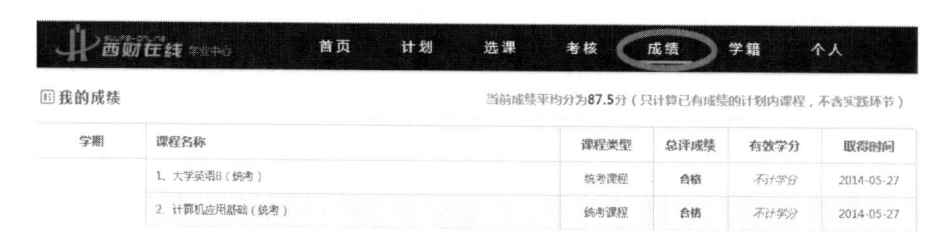

圖 4-41

（3）短信查詢：請以教育部網考委在成績發布時公布的短信查詢方式及資費為準。

4.1.6 常見問題解答（QA）

1. 個人註冊常見問題

Q：在進行統考考生個人信息管理系統用戶名註冊時，已經註冊成功了，在關聯基本信息時卻出現如圖 4-42 所示的提示內容，該怎麼解決？

圖 4-42

A：點擊「確定」填寫提交關聯申訴信息，由學校或學習中心處理，學校刪除關聯申訴後可重新註冊。

2. 報考管理常見問題

Q：我已經繳過費了，現在發現有漏報的科目，還可以再進行報考嗎？

A：可以的。流程與正常報考一樣。

Q：發現報考科目有誤，刪除後在報考科目查詢裡還能查看到該科目，無法刪除怎麼辦？

A：對於學習中心報考的科目考生是不能進行刪除的，需要與學習中心聯繫，由學習中心進行刪除。

Q：我的報考信息是學習中心上報的，我在個人信息查詢系統進行報考信息查看時，發現我的報考信息中有漏報的科目，我還可以再補報嗎？

A：可以的。流程與正常報考一樣。

Q：報考科目的添加不能進行是什麼原因？

A：請確認你所報考的科目是否已合格，或該科目已報考或已免考；如提交過報考科目申訴，學校或中心還未處理，也不可以進行報考；另外，學習中心已報考科目考生不能再次報考；互斥科目（例如大學英語 A 和大學英語 B）不能同時報考；已免考或已考試合格的科目不能再次報考。

3. 繳費管理常見問題

Q：網上繳費能否保證安全，繳費後可以查詢交易記錄嗎？

A：網上繳費是很安全的，只要繳費成功了，可以直接通過網上銀行查詢交易記錄。

Q：如果考生本人由於特殊原因不方便進行網上繳費，可以由學習中心代繳嗎？

A：可以的，可以由學習中心代繳，但必須刪除個人報考科目，由學習中心重新進行報考後，再繳費。

Q：網上繳費收取手續費嗎？

A：為了盡量不給考生增加負擔，網上支付是不收取任何手續費的。

Q：可不可以集體繳費和考生個人繳費同時進行？

A：不可以，考生報考需由考生個人完成繳費，同理，學習中心報考，必須由學習中心完成繳費。

Q：查詢到銀行卡上的錢已扣除，但繳費狀態仍是「未繳費」，請問怎麼辦？

A：建議重新進行繳費，多扣的費用銀行會在一週內退還到原銀行卡中。

4.2　畢業

如你在學籍有效期內修完本專業教學計劃規定的全部課程，修滿規定學分，通過了網絡教育公共基礎課程全國統考，即可畢業。我們將為你頒發西南財經大學成人類的畢業證書，註明「網絡教育」，畢業信息將報教育部進行電子註冊，國家承認學歷。

1. 畢業條件：

（1）修滿所學專業教學計劃規定的學分。

（2）專科和專升本滿足學籍學習年限最短 2.5 年（高起本 5 年），最長 6 年的要求（高起本 8 年）。

（3）本科層次學生須參加教育部組織的大學英語 B 及計算機應用基礎統考，且成績合格；高起本學生還需加考大學語文 B，且成績合格。

（4）參加所屬學習中心組織的新華社電子圖像信息採集，並在學信網上校對無誤。

（5）完成畢業生登記表填寫及提交。

2. 畢業批次

根據教育部學歷註冊時間安排及規定，一年分為春季和秋季兩個畢業批次。春季畢業批次的畢業證書預計發放時間為 1 月中旬，秋季畢業批次的畢業證書預計發放時間為 7 月中旬。如果你錯過了當前畢業批次，將只能在下一畢業批次才能畢業。

3. 畢業流程

圖 4-43 為畢業流程信息。

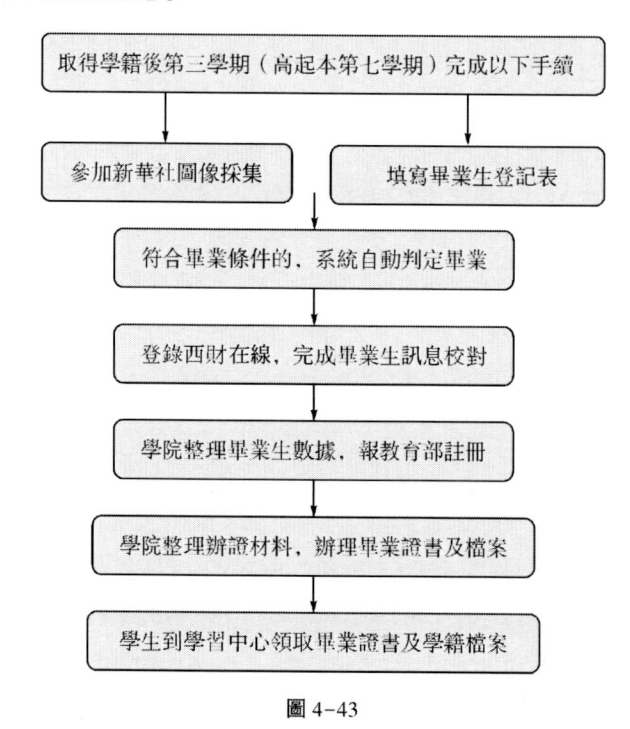

```
取得學籍後第三學期（高起本第七學期）完成以下手續
          ↓
參加新華社圖像採集 ／ 填寫畢業生登記表
          ↓
符合畢業條件的，系統自動判定畢業
          ↓
登錄西財在線，完成畢業生訊息校對
          ↓
學院整理畢業生數據，報教育部註冊
          ↓
學院整理辦證材料，辦理畢業證書及檔案
          ↓
學生到學習中心領取畢業證書及學籍檔案
```

圖 4-43

4.2.1 畢業資料

1. 畢業生圖像信息採集

根據教育部規定，高等教育畢業生照片須與註冊學歷證書一同上網，所以學生在

畢業前必須參加畢業生圖像採集。採集的紙質照片將用於粘貼畢業生登記表、申請學位等，電子照片將用於學歷證書電子註冊使用。如果學生在畢業前未進行畢業生圖像採集或採集後未上網校對，其學歷證書將無法通過教育部的畢業生電子註冊。

採集流程如下：

（1）學習中心與當地新華社機構聯繫確定拍照時間和地點。

（2）學習中心通知學生具體的拍攝時間及地點。

（3）學生根據確定的拍攝時間，在指定地點參加拍攝。

2. 畢業生圖像信息補採集

未能參加站點集中組織圖像採集的，可通過以下兩種方式補拍。

（1）自行前往新華社各省分社圖像採集中心進行零散補拍。

各省分社聯繫電話、地址及拍攝時間可在學信網上進行查詢或諮詢所屬學習中心。操作流程如下：①根據各省安排，持本人身分證、學生證到當地新華社分社圖像採集中心補拍。②採集時機讀卡填塗時請注意填寫學校代碼 10651，院系代碼不填。③補拍後收到的紙質照片應妥善保管。補拍費用為 50 元（採集費用 30 元 + EMS 快遞郵寄費 20），對接學信網時間為 90 天左右。

（2）到新華社網站提交個人照片。

操作流程如下：①登錄新華社網站（http://www.xinhuacu.com/unistu.php？m=Index&a=index），先完成「註冊」。②登錄填寫個人基本信息，按要求上傳照片（見圖 4-44）。③新華社審核上傳照片。通過後，新華社製作紙質照片，郵寄給本人。④一週後登錄學信網校對畢業圖像採集相關信息。所需費用為 60 元，自行網上繳費。對接學信網時間為 7 天左右。

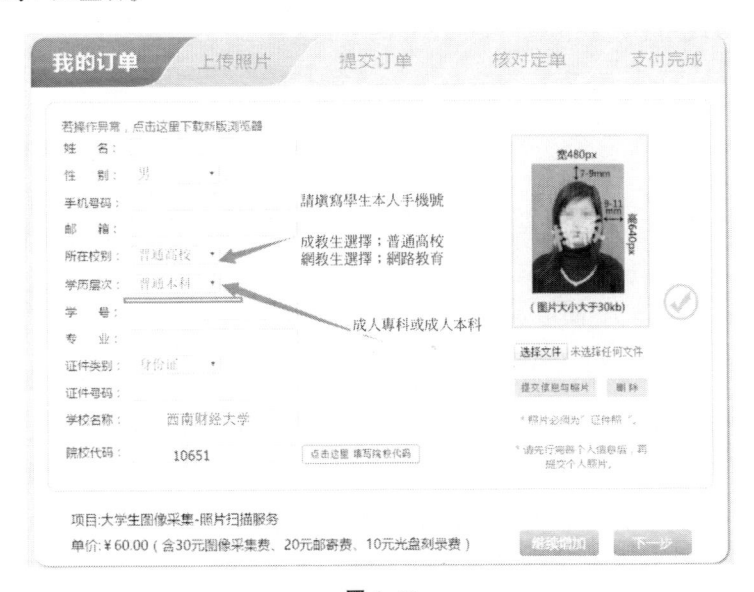

圖 4-44

收到的紙質照片，請妥善保管，可用於粘貼畢業生登記表，擬申請學位者，可作為申請材料。

3. 畢業生登記表

如你是專科或者專升本的學生請在取得學籍後第三學期（高起本第七學期）到所在學習中心領取填寫紙質的畢業生登記表。

> 特別提示：◇ 如你畢業時未填寫畢業生登記表將會影響到你的畢業證書製作及發放，建議在讀期間及時完成。

4. 畢業生信息校對

校對時間：每年的3月、6月、9月、12月（具體時間以「西財在線」首頁通知為準）

操作流程如下：

第一步，登錄學習平臺後系統將自動跳轉到「校對頁面」（如圖4-45），完成畢業生信息校對後方可進行其他操作。

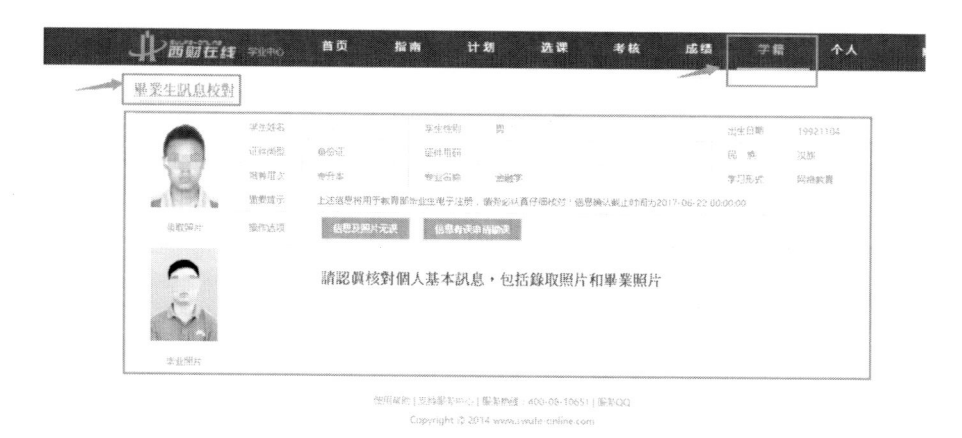

圖 4-45

第二步，認真核對本人信息及照片是否正確。

（1）信息正確的，請點擊最下方的「信息及照片無誤」在彈出的對話框中輸入收到的手機驗證碼，點擊「確認信息」完成操作（見圖4-46）。

圖 4-46

（2）信息有誤的，請點擊「信息有誤申請勘誤」，輸入需要勘誤的內容後提交（見圖 4-47）。

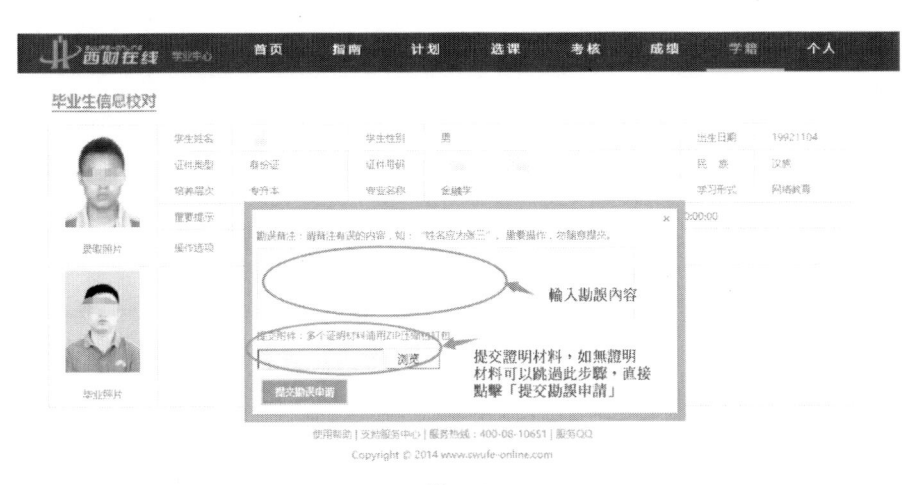

圖 4-47

提交過「信息勘誤」的同學，應及時聯繫所在學習中心或者函授站點老師進行更正。勘誤完成後學生將收到再次校對的短信，請在校對截止前再次登錄核對，並確認「信息及照片無誤」。

注意：該信息將作為畢業生學歷註冊及畢業證書辦理依據，各位同學務必認真、仔細、及時核對。若未在規定時間內完成校對數據，而導致畢業證書及學歷註冊信息有誤的，由學生本人承擔相關責任。

4.2.2 畢業證書領取

學生需根據學習中心通知的時間，攜帶本人的有效身分證件到指定地點領取畢業證書和畢業檔案，並在畢業證書及檔案領取表上簽字。畢業證書和畢業檔案須妥善保管，遺失不能補辦。

畢業證書樣本見圖4-48。

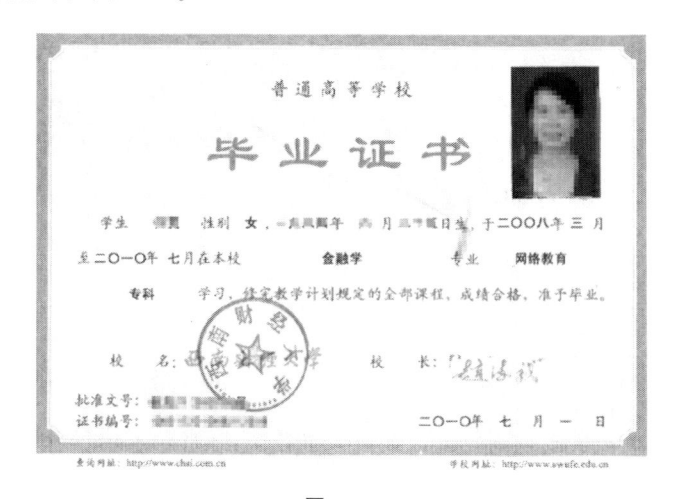

圖4-48

4.3 學位

學位是表示被授予者的受教育程度和學術水準達到規定標準的學術稱號。獲得學位必須要滿足《中華人民共和國學位條件》《中華人民共和國學位條例暫行實施辦法》、國務院學位委員會《關於授予成人高等教育本科畢業生學士學位的暫行規定》及《西南財經大學高等學歷繼續教育本科畢業生學士學位授予實施細則》等文件要求。

4.3.1 學位申請

學位申請時間為每年4月底和10月底，具體時間請關注「西財在線」首頁相關通知。學生需要根據通知要求，在規定時間內，進行網上學位申請操作，並向學院提交相關申請資料。學院在收到申請材料後進行審核，符合學位申請條件的上報四川省學位辦；不符合條件的，材料退回給學生本人。

1. 學位申請條件

（1）在讀期間，未違反學術誠信且未觸犯刑法受到處罰。

（2）考試課程總平均成績不低於75分（不含論文成績）。

（3）獲得本科畢業證書未超過兩年。

（4）同一學歷只能申請一次學士學位，之前申請未通過者不可二次申請。

（5）取得學籍至申請學位前，參加成人學士學位外國語水準考試，且成績合格（你需合理安排好參加學位外語水準考試的時間，如學位申請截止的最後半年再參加學位外語水準考試，將無法申請學位）。

2. 學位申請需提交的材料

（1）《四川省普通高等學校成教本科畢業生學士學位申請表》。

（2）成人高等教育本科畢業證書複印件及身分證複印件一份。

（3）省（市/區）學位辦頒發的學位外語考試成績合格證書原件。

（4）近期彩色免冠兩寸藍底照片兩張。

（5）本科畢業生學士學位申請信息登記表（本人簽字確認）1份。

4.3.2 學位申請、授予流程

圖4-49為學位申請流程。

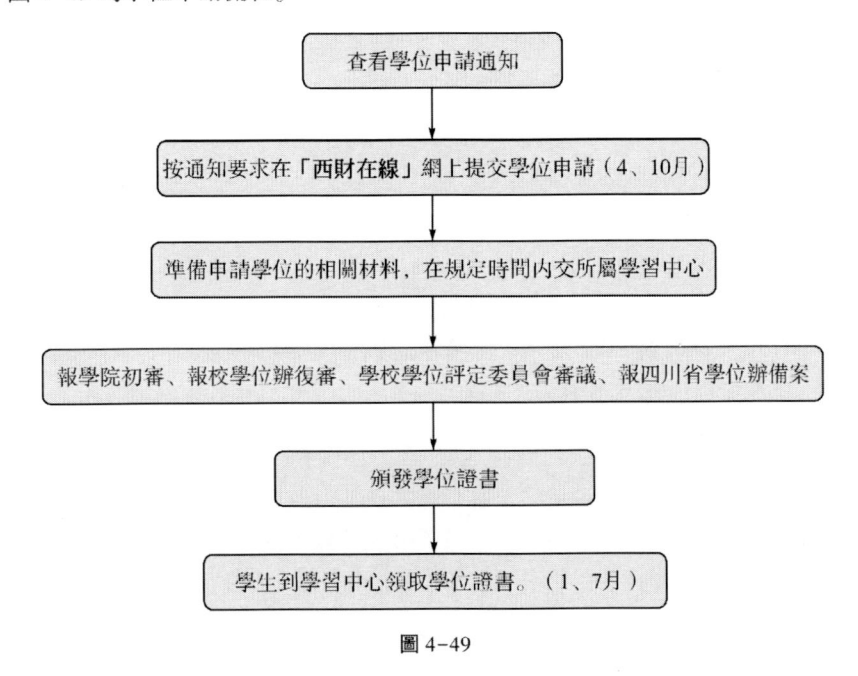

```
查看學位申請通知
        ↓
按通知要求在「西財在線」網上提交學位申請（4、10月）
        ↓
準備申請學位的相關材料，在規定時間內交所屬學習中心
        ↓
報學院初審、報校學位辦復審、學校學位評定委員會審議、報四川省學位辦備案
        ↓
頒發學位證書
        ↓
學生到學習中心領取學位證書。（1、7月）
```

圖4-49

學位證書樣本見圖4-50。

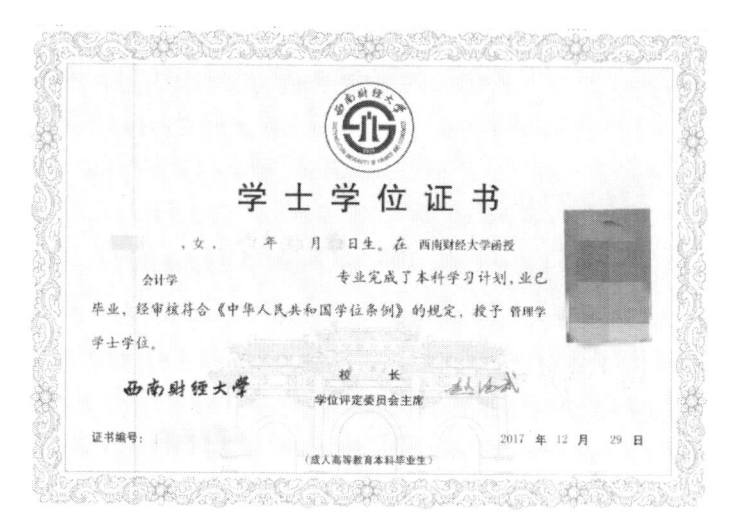

圖 4-50

4.3.3 成人學士學位外語考試須知

學士學位外語水準是學位授予時檢驗的條件之一，本科同學在取得正式學籍後，即可報名參加所在省份的學士學位外語水準考試。

1. 四川省省內學生

四川省學士學位外語考試一年一次，報名時間一般為 2 月中下旬，考試時間為 4 月上旬的週末。

（1）考生需於 2 月登錄四川省學位與研究生教育創新網（http://cxw.sc.edu.cn/），按提示和要求填寫相關報考信息、上傳照片，並在網上繳費。

（2）本人持二代居民身分證原件或其他有效身分證原件，在規定時間內到指定報名點進行現場確認。

> **特別提示：** ◇ 關於成人學士學位外語網上報名、現場確認和考試的具體時間及要求請以當年「西財在線」首頁的正式通知為準。
> ◇ 需要申請學位的同學，可在取得本科學籍後多次報考成人學士學位外語考試。

2. 四川省省外學生

你如果是四川省外站點的學生，需要在當地省市參加成人學士學位外語考試的，須提前向學校申請備案，備案成功後在省外取得的成人學士學位外語合格成績方可有效。

考生須於考前一年的 11 月中旬至 12 月底登錄「西財在線」主頁，點擊「川外學位考試申請」進行備案（見圖 4-51 和圖 4-52）（具體時間以「西財在線」正式通知為準）。備案後，按所屬地省學士學位外語報名流程報考即可。各省成人學士學位外語

考試具體報考細則按所在省學位辦要求執行（詳情請諮詢站點負責老師或考生所在省/市學位辦）。

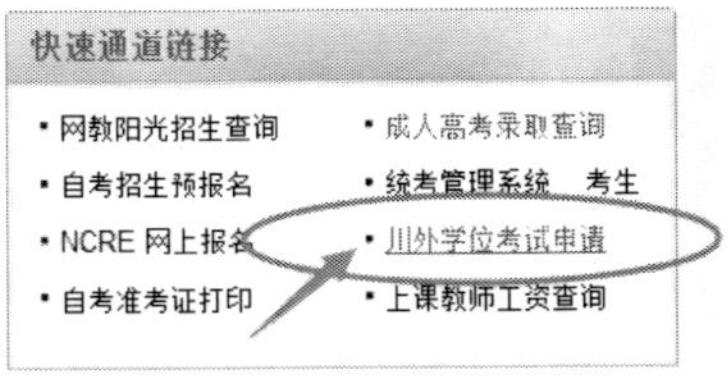

圖 4-51 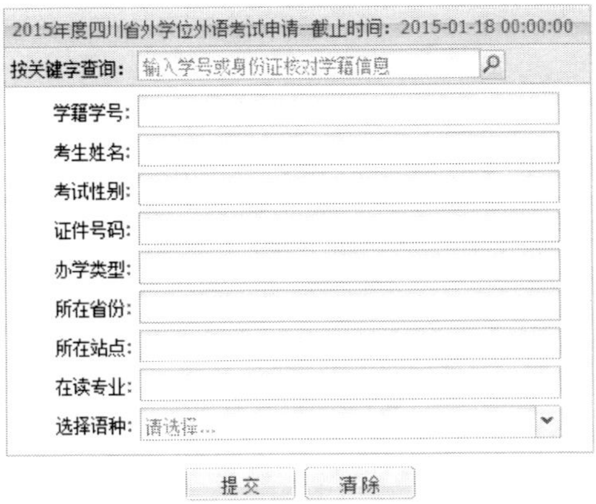　　　　　　　　　圖 4-52

注意：

部分省份已不再統一組織學士學位外語考試，考生可通過取得全國英語等級考試三級（PET-3）及以上等級筆試成績合格證書，替代學士學位外語水準考試。這些省份包括：安徽、福建、甘肅、廣西、陝西、浙江、上海、山東、海南、青海、雲南。

5　學生事務辦理

學生在讀期間，符合學院相關規定可以申請辦理免考、轉專業、轉學習中心、退學、休學等業務（如教育部相關政策發生變化，以新政策為準）。學院將在收到相關的申請資料後的 2~5 個工作日內辦理。

圖 5-1 為學務辦理流程。

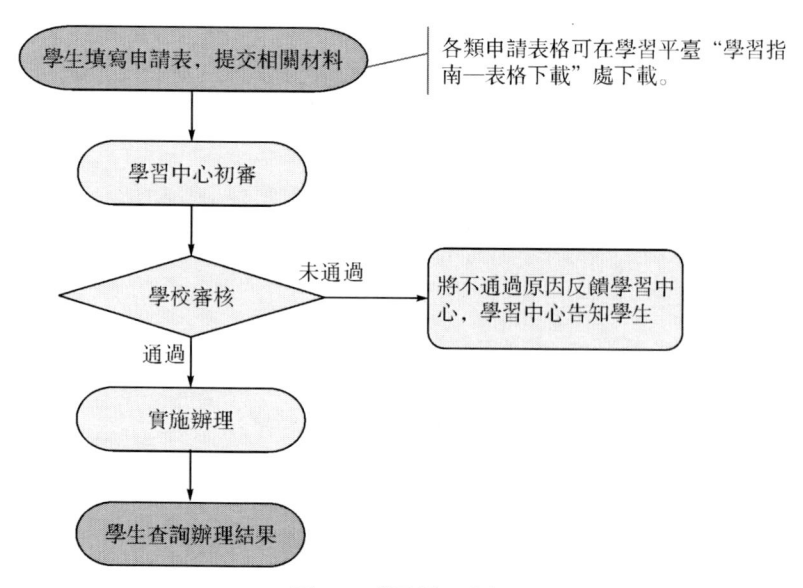

圖 5-1　學務辦理流程

5.1　免修

根據《西南財經大學高等學歷繼續教育課程免試管理辦法》，如果學生在進入我院學習以前，已持有國家承認的相關證書或已持有國民教育系列專科及以上課程成績單，可申請免修已經學過且與學校教學計劃規定的教學內容相應的公共基礎課程，其他課程不能申請免試。

表 5-1 為免考條件對照表。

表 5-1　　　　　　西南財經大學高等學歷繼續教育課程免考條件對照表

已取得資格或條件	可免考的範圍	免考提交材料
專科（報讀同層次二專業）	課程成績合格可申請免考我校教學計劃中相同公共基礎課及專業基礎課	提供加蓋公章的畢業成績單正本材料
本科（報讀同層次二專業）	課程成績合格可申請免考我校教學計劃中相同公共基礎課及專業基礎課	提供加蓋公章的畢業成績單正本材料
本科（報讀同層次二專業）	統考課程：大學英語(B)、計算機應用基礎、大學語文(B)	提供畢業證書（驗原件交原件掃描件）
我校專科或本科畢業證書，再次報讀	可免相同層次教學計劃中相關課程	我校畢業成績單原件
全日制普通高校本、專科退學生、肄業生	可免試已取得合格成績的相同專業層次的相關公共基礎課	提供畢業證書、肄業證或退學證明及課程合格成績單（驗原件交複印件）
取得高等教育自學考試本、專科單科合格成績者	可免試相同專業、層次的相關課程	提供畢業證書和畢業生學籍表（驗原件交複印件），在籍學生需提供課程合格證書（驗原件交複印件）
取得專門專業（專科及以上）畢業證書者	可免試相應的公共基礎課程，如數學專業專科畢業生可免試數學、英語專業專科畢業生可免試英語，其餘類推	提供畢業證書原件及複印件
通過教育部認可專業資格證書考試（如註冊會計師資格考試），獲得有關專業證書	可免試相應課程	提供獲得的專業證書（驗原件交原件掃描件）
入學註冊時年滿 40 歲及以上	統考課程：大學英語（B）	身分證（驗原件交掃描件）
已參加統考且成績合格	免相應統考課程	相應課程成績合格網上查詢結果
戶籍在少數民族地區的少數民族	統考課程：大學英語（B）	身分證（驗原件交掃描件）
等級證書　大學英語四、六級證書（CET）（2006 年 1 月 1 月以後取得的英語四六級證書或成績單不能辦理統考英語免考）	基礎英語課程　統考課程：大學英語 B	提供相關證書材料（驗原件交原件掃描件），統考免考（驗原件交掃描件）
等級證書　全國公共英語等級考試（PETS）三級	基礎英語課程　統考課程：大學英語 B	提供相關證書材料（驗原件交原件掃描件），統考免考（驗原件交掃描件）
等級證書　省級教育行政部門組織的成人教育學位英語考試合格證書者	基礎英語課程　統考課程：大學英語 B	提供相關證書材料（驗原件交原件掃描件），統考免考（驗原件交掃描件）
等級證書　全國計算機等級考試（NCRE）一級 B 或以上合格證書者	計算機應用基礎　統考課程：計算機應用基礎	提供相關證書材料（驗原件交複印件），統考免考（驗原件交原件掃描件）

特別提示：◇ 考查課程一律不能免試所學相關專業相應課程。
　　　　　◇ 凡免試課程不以原成績分數計，均以 75 分記入成績檔案。
　　　　　◇ 免試課程不得超過所學專業教學計劃規定課程的三分之一；免考課程成績有效期不得超過五年。
　　　　　◇ 本科段所學課程免試專科段課程，但不能用專科段課程免試本科段課程。

5.2　轉專業

學生在在讀期間因工作需要或其他特殊情況可申請轉入新專業學習，只需按學務辦理流程向學習中心提交《轉專業申請表》的材料，等待審批結果即可。學校將在收到學習中心上報的轉專業材料後的兩個工作日內審核辦理。

特別提示：◇ 原專業已修課程，符合轉入專業教學計劃的課程，承認其學分。
　　　　　◇ 轉專業後，按新的年級專業教學計劃要求執行。
　　　　　◇ 在讀期間只允許轉一次專業，轉專業後學號、密碼不變。

5.3　轉學習中心

學生在在讀期間因工作需要或其他特殊情況可申請轉入其他學習中心進行學習。轉學習中心辦理流程如圖 5-2 所示。

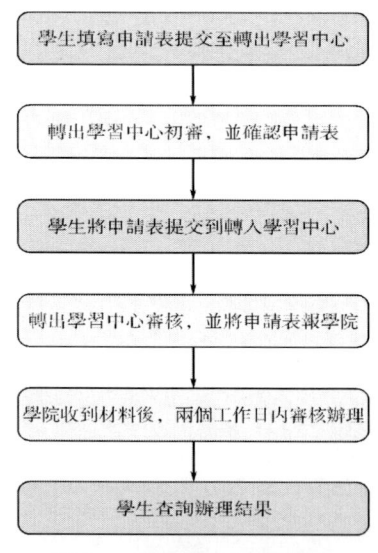

```
學生填寫申請表提交至轉出學習中心
              ↓
   轉出學習中心初審，並確認申請表
              ↓
    學生將申請表提交到轉入學習中心
              ↓
   轉出學習中心審核，並將申請表報學院
              ↓
   學院收到材料後，兩個工作日內審核辦理
              ↓
          學生查詢辦理結果
```

圖 5-2　轉學習中心辦理流程

特別提示：◇ 轉學習中心前請先與轉入學習中心聯繫，確定轉入中心開設了你所報
　　　　　　讀的專業。
　　　　　◇ 轉學習中心後，需按轉入學習中心的收費標準繳納相應學費。
　　　　　◇ 轉學習中心後學號、密碼不變。

5.4　退學

　　學生如因某種原因需要申請退學，可向所屬學習中心提出書面申請，經學校審批同意後，可辦理相關退學退費手續。

溫馨提示：◇ 退費時須提供學校開出的中央非稅收入統一票據。
　　　　　◇ 教材費在扣除你實際領用教材後計算教材費退費。
　　　　　◇ 開學或交費註冊兩個月內，按照教學時間扣除實際費用後計算學費
　　　　　　退費。
　　　　　◇ 開學或交費註冊兩個月後申請退學者，不再退還學費。

　　退學辦理流程見圖5-3。

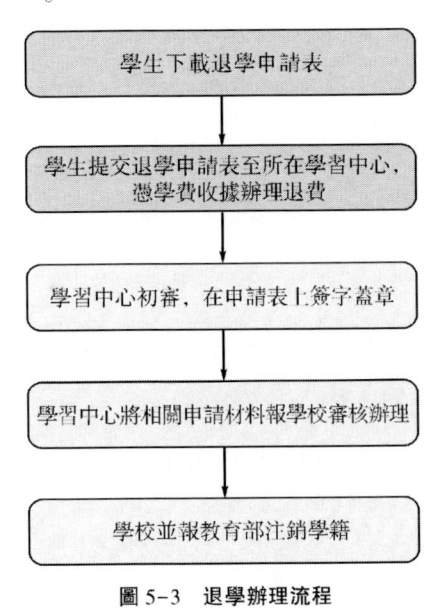

```
┌─────────────────────────┐
│      學生下載退學申請表      │
└─────────────────────────┘
             │
             ▼
┌─────────────────────────┐
│  學生提交退學申請表至所在學習中心， │
│     憑學費收據辦理退費        │
└─────────────────────────┘
             │
             ▼
┌─────────────────────────┐
│  學習中心初審，在申請表上簽字蓋章  │
└─────────────────────────┘
             │
             ▼
┌─────────────────────────┐
│ 學習中心將相關申請材料報學校審核辦理 │
└─────────────────────────┘
             │
             ▼
┌─────────────────────────┐
│    學校並報教育部注銷學籍     │
└─────────────────────────┘
```

圖5-3　退學辦理流程

5.5 休學及復學

5.5.1 休學

學生如因病或其他特殊原因暫時不能堅持學習的可申請休學，由學生本人提出書面申請，填寫休學申請表交所在學習中心初審蓋章後，報學院審核辦理。

5.5.2 復學

> **特別提示**：◇ 休學期限一般為 1 年，特殊情況可連續休學 2 年，但累計不得超過 2 年。
> ◇ 休學期間學籍予以保留，休學時間算入學籍，最長有效期為 6 年。
> ◇ 復學後學生按原教學進度編入新的年級學習，按新年級教學計劃及收費執行。
> ◇ 休學期滿未按規定時間申請復學的，按自動退學處理。
> ◇ 休學生不退還剩餘費用。

休學期滿辦理復學（因病休學的學生復學時必須持縣級以上醫院的康復證明）須向所在學習中心提出書面申請，經學習中心初審蓋章，報學院核准後，在學習中心辦理重新入學的手續。

5.6　個人信息變更

如你需要修改姓名或身分證號重要信息時，必須按要求提交相關材料。

5.6.1　在校期間因戶籍信息變化申請變更的

姓名變更的，須提供對現名、曾用名有正式的、明確記載的常住人口登記表或戶口簿有曾用名記載的那一頁複印件（加蓋鮮章）。

身分證號變更分為三個層次，需要提交的材料也不同。

第一層次：僅改尾號的（身分證後 4 位），憑各級公安機關的格式證明均可；

第二層次：改行政區劃的（身分證前 6 位），憑縣級公安機關的格式證明；

第三層次：改生日的，須提供公安局原始存檔的公民身分信息變更審批表複印件及身分證複印件。

5.6.2 報名時填報或錄入信息有誤申請更改的

報名時填報或錄入信息有誤申請更改的，須出具報名時填寫的報名登記表複印件（可在所在學習中心獲取）。

信息變更辦理流程如圖 5-4 所示。

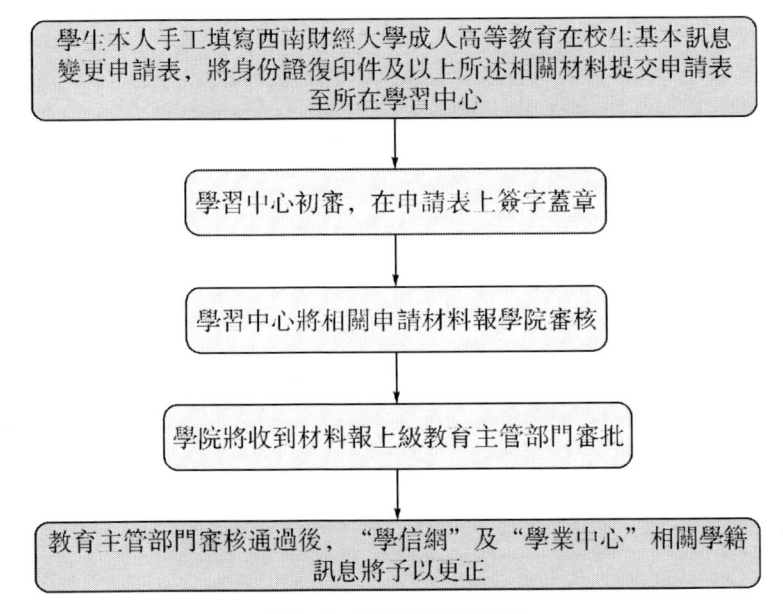

```
┌─────────────────────────────────────┐
│ 學生本人手工填寫西南財經大學成人高等教育在校生基本訊息 │
│ 變更申請表，將身份證復印件及以上所述相關材料提交申請表 │
│           至所在學習中心            │
└─────────────────────────────────────┘
                  ↓
       ┌──────────────────────┐
       │ 學習中心初審，在申請表上簽字蓋章 │
       └──────────────────────┘
                  ↓
       ┌──────────────────────┐
       │ 學習中心將相關申請材料報學院審核 │
       └──────────────────────┘
                  ↓
       ┌──────────────────────┐
       │ 學院將收到材料報上級教育主管部門審批 │
       └──────────────────────┘
                  ↓
┌─────────────────────────────────────┐
│ 教育主管部門審核通過後，"學信網"及"學業中心"相關學籍 │
│           訊息將予以更正            │
└─────────────────────────────────────┘
```

圖 5-4　訊息變更辦理流程

5.7　非學歷轉學歷教育

參與課程進修或專業進修的非學歷教育學生符合我院高等學歷教育入學資格，參加入學考試通過者，可申請轉為學歷教育學生，並取得當年招生批次的正式學籍，學籍有效期限從轉入批次算起。

非學歷轉學歷教育條件包括：

①非學歷教育學生，已符合我院高等學歷教育入學資格；

②通過我院入學考試。

非學歷轉學歷教育辦理流程如圖 5-5 所示。

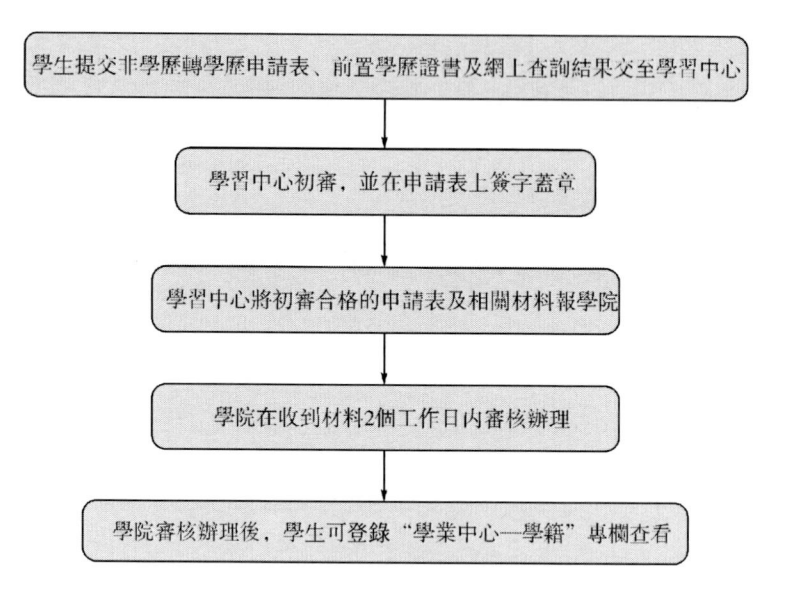

```
┌─────────────────────────────────────────────┐
│ 學生提交非學歷轉學歷申請表、前置學歷證書及 │
│ 網上查詢結果交至學習中心                    │
└─────────────────────────────────────────────┘
                      ↓
        ┌───────────────────────────┐
        │ 學習中心初審，並在申請表上簽字蓋章 │
        └───────────────────────────┘
                      ↓
        ┌───────────────────────────┐
        │ 學習中心將初審合格的申請表及 │
        │ 相關材料報學院               │
        └───────────────────────────┘
                      ↓
        ┌───────────────────────────┐
        │ 學院在收到材料2個工作日內審核辦理 │
        └───────────────────────────┘
                      ↓
        ┌───────────────────────────────────┐
        │ 學院審核辦理後，學生可登錄"學業中心——學籍"專欄查看 │
        └───────────────────────────────────┘
```

> 特別提示：◇ 你的學籍註冊批次將以當前的錄取批次為準，如需轉入當前招生批次，請在當季招生截止前申請辦理。
> ◇ 轉入學歷生後，你在本校所進修的課程，凡符合錄取後所學專業計劃要求的，均可直接獲得承認。
> ◇ 轉入學歷生後，本科學生應及時報名參加教育部規定的公共基礎課程的統考。

參考文獻

［1］中華人民共和國教育部辦公廳. 關於支持若干所高等學校建設網絡教育學院開展現代遠程教育試點工作的幾點意見（教高廳〔2000〕10 號）［R/OL］.（2010-07-28）. http://old.moe.gov.cn//publicfiles/business/htmlfiles/moe/A08_sjhj/201109/124838.html.

［2］中華人民共和國教育部. 關於加強高校網絡教育學院管理提高教學質量的若干意見（教高〔2002〕8 號）［R/OL］.（2002-07-08）. http://old.moe.gov.cn//publicfiles/business/htmlfiles/moe/s3865/201010/110174.html.

［3］國家中長期教育改革和發展規劃綱要工作小組辦公室. 國家中長期教育改革和發展規劃綱要（2010—2020 年）［R/OL］.（2010-07-29）. http://old.moe.gov.cn/publicfiles/business/htmlfiles/moe/info_list/201407/xxgk_171904.html.

［4］中華人民共和國教育部. 高等學歷繼續教育專業設置管理辦法（教職成〔2016〕7 號）［R/OL］（2016-11-22）. http://www.moe.edu.cn/srcsite/A07/moe_743/201612/t20161202_290707.html.

［5］唐旭輝，李良華. 網絡教育學生學習導論［M］. 成都：西南財經大學出版社，2010.

政策附錄

西南財經大學高等學歷繼續教育學籍管理規定

第一章 總則

第一條 為維護學校正常教育教學秩序，保障學生合法權益，進一步規範我校高等學歷繼續教育學籍管理工作，依據《中華人民共和國高等教育法》及《普通高等學校學生管理規定》等有關法規，結合我校高等學歷繼續教育實際情況，特製定本規定。

第二條 學校全面貫徹黨和國家教育方針，堅持社會主義辦學方向，堅持立德樹人根本任務，樹立良好學風校風，提高高等學歷繼續教育本、專科人才培養質量，培養德智體美全面發展的社會主義建設者和接班人。

第三條 學校高等學歷繼續教育學生學籍管理工作由西南財經大學繼續（網絡）教育學院（以下簡稱「學院」）負責實施，各校外學習中心、函授站（點）（以下統稱為「站點」）協助完成。

第四條 本規定適用於我校高等學歷繼續教育函授、業餘（以下簡稱「成教」）及網絡教育（以下簡稱「網教」）本、專科在籍學生。

第二章 入學、註冊與學籍

第五條 按照國家招生規定錄取的成教及網教新生，應按照學校或校外學習中心、函授站（點）的要求和規定期限，持錄取通知書、身分證或其他有效身分證件，到指定地點辦理入學相關手續。

因故不能按期到指定地點辦理入學手續者，必須事先以書面形式向學校或校外學習中心、函授站（點）請假。請假時間原則上不得超過兩週。未請假或請假逾期未辦理入學手續的，除因不可抗力等正當事由外，視為放棄入學資格。

第六條 學校在報到時對新生入學資格進行初步審查，審查合格的辦理入學手續，予以註冊學籍；審查發現新生的錄取通知、考生信息等證明材料與本人實際情況不符，或者有其他違反國家招生考試規定情形的，取消入學資格。

第七條 成教新生可以申請保留入學資格（網教新生不能申請保留入學資格）。新生在報到前按規定提出申請並經學校審查同意後可以保留入學資格一年，申請保留入學資格期間或保留入學資格期間不具有學籍。保留入學資格的到校學生，應在五日內離校；無故不離校者，不再保留入學資格。

成教新生應當在保留入學資格期滿前向所在學校或所在函授站（點）提出入學申請，經學校審查合格後，辦理入學手續。審查不合格的，取消入學資格；新生逾期不辦理入學手續且不具備不可抗力等正當理由的，視為放棄入學資格。

第八條　新生入學後，學校在三個月內按照國家招生規定進行復查。復查內容主要包括以下方面：

（一）錄取手續及程序等是否符合國家招生規定；

（二）所獲得的錄取資格是否真實且符合相關規定；

（三）本人及身分證明與錄取通知、考生檔案等是否一致；

（四）報名參加專科、專科起點本科或本科第二學歷學習的學生，須提供第一學歷已獲得的國民教育系列的高等教育畢業證書（以在教育部「學信網」查實為準）。

復查中發現學生存在弄虛作假、徇私舞弊等情形的，確定為復查不合格，取消學籍；情節嚴重的，學校移交有關部門調查處理。

第九條　學生的學籍由學校統一建檔管理。各站點按學校統一的格式和要求，建立完整的學生電子學籍檔案，在學生學習期間實施有效管理，作為學校和各級教育行政部門查詢、檢查、審核學生學業信息的依據。

第十條　學校網絡教育、函授實行學年註冊制。在籍學生、按規定應復學的學生、保留入學資格期滿的學生、新招收入學的學生、轉學進入我校學習的學生等，按學年註冊。學生應在每學年第一學期開學前繳清新學年應繳費用，按學校或站點要求和規定期間辦理註冊手續。完成註冊後，學生取得當年學籍，具備課程學習、成績查詢等權限。逾期未註冊者，視為放棄學籍，由所在站點申請，學校按規定作退學處理。

半脫產、夜大基本學制未滿的在籍學生應在新學期開學兩週內到校辦理報到註冊手續。無故逾期兩週不辦理報到入學手續者，取消當學期註冊資格，學籍自動終結。

未按學校規定繳納學費或者其他不符合註冊條件的，不予註冊或保留學籍。

第三章　學制、學習年限與學分

第十一條　學習期限實行彈性制度，高中起點專科和專科起點本科的基本學制為2.5年，學習期限為2~6年；高中起點本科的基本學制為5年，學習期限為4~8年。最長學習期限含休學時間，超出最長學習期限者，學校不予以註冊學籍。

第十二條　學校高等學歷繼續教育實行學分制管理，課程學分的計算以該課程在專業人才培養方案中的類型及重要性為依據。學生必須在最長學習期限內完成專業教學計劃所規定的全部教學環節，修滿學分。學分的計算方法按照學校人才培養方案的規定執行。課程考核成績合格者可取得該課程的學分，歸入學生學籍檔案。

第十三條　學生學習分為春、秋兩個學期，春季學期為每年3月至7月，秋季學期為每年9月至次年1月。

第四章　學生證

第十四條　學生證系學校成教和網教在籍學生的身分證明，新生入學後由所屬站點負責辦理並發放。學生不得擅自塗改或轉借他人。

第十五條　學生參加學校或站點組織的教學活動時（面授、輔導、答疑、考試等），須攜帶學生證，應服從管理人員的驗證檢查。

第十六條　對已批准轉站、轉專業等學籍異動的學生，一經批准，須交回原學生證，並換發新學生證。

第十七條　學生辦理退學、畢業等離校手續時，須交回學生證。

第十八條　如學生證遺失，應立即報告所屬站點，書面說明遺失原因，並書面申請補辦學生證。

第五章　課程考核及成績記載

第十九條　學生在校期間須按學校制訂的人才培養方案，安排自己的學習和學業進程。按照規定的專業計劃課程和教學要求，參加課堂面授或網上學習、完成作業、考試或考查以及實習實踐環節。

第二十條　衡量學生學業完成情況的基本依據為學生所修課程及取得的學分數。學生應當誠實守信，參加專業人才培養方案規定的課程和各種教育教學環節（以下統稱「課程」）的學習及考核，課程考核成績載入成績冊，並歸入本人學籍檔案。

第二十一條　依據學校人才培養方案專業執行計劃，第一學期不設選修課程。每學期必修課程根據人才培養方案專業執行計劃確定。選修課程（考查課程）實行網上選課及在線考核制度。學生應在第一學期內制訂自己各學期的選修課程學習計劃，未按規定完成選課的，不能參加選修課程的學習和考核，不能取得選修課程學分。

第二十二條　學生所學專業各門課程學習成績即課程總評成績由形成性考核成績與終結性考核成績兩部分構成，以百分制計量，60分合格。形成性考核成績占總評成績的40%，終結性考核成績占總評成績的60%。

第二十三條　學生期末考試實行約考制度。學生應在每年4月和10月對當前學期要參加考試的課程進行網上預約，未進行網上預約考試的學生，學校將不組織其考試。學生因工作等原因不能參加課程考試，應在考試前一個月內向所在站（點）或校外學習中心請假備案，按緩考記錄，並累計一次考試次數，第二次考試按實際成績記載。

第二十四條　課程總評成績不及格的須進行重修。重修時，學生可重新通過形成性考核，系統自動保留最高一次形成性考核成績，計入課程總評成績。課程總評成績及獲得的相應學分記入學生成績冊，並歸入學生本人學籍檔案。

第二十五條　考試結束後40天內，統一發布成績（具體時間以首頁成績發布通知為準）。學生可登錄學習平臺查詢，也可通過所屬站點查詢。學生如對考試成績有異議，可在通知規定時間內申請復查。

第六章　學籍異動

第二十六條　學生應當按照錄取的專業完成學業，確有特殊情況需要調整專業的，可在第一學年內，申請同層次同科類轉專業，但須嚴格執行調整後的專業人才培養方案，並修滿相應學分，同時應按補修學分交齊學費。

第二十七條　新生可在報到註冊後一個月內申請調整學習形式。業餘（半脫產、

夜大）和函授之間可以相互調整；網絡教育不能調整為函授或業餘學習形式，函授或業餘形式也不能調整為網絡教育學習形式。

第二十八條　有下列情況之一的學生，不得申請轉專業、調整學習形式：

（一）招生時有特殊要求的；

（二）畢業年級的；

（三）正在休學期間的；

（四）應作退學處理的；

（五）在處分期內或處分期結束但未解除處分的；

（六）經學校審核認為不適合轉專業的。

第二十九條　學生在辦理轉專業和調整學習形式時，應準確填寫西南財經大學高等學歷繼續教育學生轉專業、調整學習形式申請表，由所屬站點蓋章同意後，報學校批准。

第三十條　學生在籍期間只能申請一次轉專業或調整學習形式。被批准轉專業、調整學習形式，且已辦理相關轉出手續者，不得申請轉回。

第三十一條　基本信息變更

學生在籍期間更改學生姓名、性別、民族、身分證號碼等個人基本信息，必須填寫西南財經大學高等學歷繼續教育在校生基本信息變更申請表，並根據四川省教育廳要求附相關證明材料，由學校負責初審，報四川省教育廳復審通過後方可更改。

第三十二條　轉站點

在籍學生因某種特殊原因需要轉至我校其他站點就讀的，應由學生本人在學年末填寫申請表提出書面申請，經轉出及轉入站點同意後，報學校批准。轉站點後，學生學費的收取按照轉入站點的學費標準執行。

第三十三條　學生一般應在本校完成學業，如患病或者確有特殊困難、特別需要，無法繼續在本校學習或者不適應本校學習要求的，可以按照四川省教育行政主管部門及學校的相關規定申請轉學。

特殊困難一般指因家庭有特殊情況，確需學生本人就近照顧的。

第三十四條　學生有下列情形之一，不得轉學：

（一）網絡教育的學生；

（二）以特殊招生形式錄取的學生，國家有相關規定或者錄取前與學校有明確約定的；

（三）由低學歷層次轉為高學歷層次的；

（四）入學未滿一學期或者畢業前一年的；

（五）無正當轉學理由的。

第三十五條　轉學學生應與轉出學校協商好新生電子註冊事宜，並提供以下材料：

（一）省內學校間的學生轉學，需提供以下轉學材料：學生本人填寫轉出和轉入學校簽字蓋章的四川省成人高等教育學生轉學申請確認表一式四份（見附表一）；蓋有省級招生辦公室錄取專用章的新生錄取名冊複印件並加蓋轉出學校公章；轉出學校出具的學習成績證明。由轉入學校報省教育廳確認轉學理由正當，可辦理轉學手續。

（二）學生跨省轉學，除履行和省內轉學同樣手續外（轉學申請表填寫一式五份），還應由轉出學校報所在地省級教育行政部門商轉入地省級教育行政部門，按轉學條件確認後辦理轉學手續。

第七章　退學、休學與復學

第三十六條　學生有下列情況之一者，可予以退學處理：

（一）休學、保留學籍期滿，在學校規定期限內未提出復學申請或者申請復學經復查不合格的；

（二）在學校規定最長學習年限內未完成學業的；

（三）經學校指定醫院診斷，患有疾病或者意外傷殘無法繼續在校學習的；

（四）未經批准連續兩週未參加學校規定的教學活動的；

（五）超過學校規定期限未註冊，又未履行暫緩註冊手續的；

（六）學校規定的不能完成學業、可予退學的其他情形。

第三十七條　按規定可予退學處理的學生，由所屬站點出具退學處理的報告，經學校審查後，予以退學處理。退學決定同時報四川省教育行政主管部門備案。

學生本人申請退學的，經學校審核同意後，辦理退學手續。

第三十八條　退學學生將報教育部「學籍學歷信息管理平臺」註銷學籍，註銷後不可復學。退學學生已交納學費根據實際學習時間，按月計退剩餘費用。教材費根據實際領用教材計退教材費剩餘費用。

第三十九條　學生申請休學或者學校認為應當休學的，經學校批准，可以休學。

第四十條　休學期限以學年為單位，休學次數累計不超過兩次，休學時間累計不得超過兩年，超過兩學年作退學處理。休學生須在休學期滿前一個月內提交復學申請，經學校核准後方可復學，逾期未辦理復學手續者將按退學處理。

第四十一條　學生有下列情形之一的，應予休學：

（一）因傷、病，經縣級以上醫院診斷，須停課治療、休養的時間為六周及以上的；

（二）因私自費短期出國（境）留學的；

（三）因其他特殊原因，學校認為必須休學的。

第四十二條　學生申請休學應由本人提出申請，提供有關證明材料，填寫休學申請表，由所屬站點負責人簽署意見後，報學校批准。

第四十三條　休學學生的有關問題，按下列規定辦理：

（一）休學學生必須辦理休學手續，學校保留其學籍；

（二）學生休學期間不享受在校學習學生待遇；

（三）在休學期間，本人或監護人對自身行為及其產生的後果負責。

第四十四條　學生復學按下列規定辦理：

（一）休學期滿，因傷、病要求復學的學生，申請復學時必須持縣級以上醫院的康復證明由本人提出書面申請，經學生所屬站點審查同意，學校批准後，辦理復學手續。

（二）學生因其他原因休學，申請復學時需提交必要證明材料，由本人提出書面申

請，經學生所屬站點審查同意，學校批准後，辦理復學手續。

（三）學生休學期間，如有違法亂紀行為，取消復學資格。

完成上述流程後，學生應及時繳清應繳學費，到本人所屬站點辦理註冊手續。

第四十五條 學校根據復學學生本人的申請、休學期限以及課程修讀情況審批其復學後編入原年級或後續年級學習。

第八章 獎勵與處分

第四十六條 對德智體美全面發展，或在思想品德、學業成績、科技創造、體育競賽、文藝活動、志願服務及社會實踐等方面表現突出的學生，依照學校學生表彰獎勵有關規定給予表彰和獎勵。

第四十七條 對有違反法律法規及學校紀律行為的學生，學校進行批評教育，並視情節輕重，依照學校學生違紀有關規定給予警告、嚴重警告、記過、留校察看及開除學籍處分。

第四十八條 被開除學籍的學生，由學校發給學習證明。

第九章 畢業與學位

第四十九條 凡具有正式學籍的學生在學籍有效期內修完本專業人才培養方案規定的全部課程，成績合格，取得學分（網絡教育本科學生還需通過教育部公共基礎課程全國統考），通過思想品德鑒定，準予畢業，並頒發西南財經大學成人或網絡教育畢業證書，予以電子註冊國家承認學歷。

第五十條 有下列情況之一者，不予畢業：

（一）未修完所學專業規定課程，未取得所學專業規定學分者；

（二）網絡教育學生未通過教育部規定的公共基礎課統一考試者；

（三）網絡教育學生統考替考，取消統考及畢業註冊資格者；

（四）未按要求參加畢業生電子圖像信息採集，學信網上無學歷照片者。

第五十一條 符合學校高等學歷繼續教育學士學位授位有關規定的本科畢業生，經本人申請，學習服務中心初審、學校學位辦復審、學校學位評定委員會審議通過後，可由學校授予相關學科學士學位。

第五十二條 對以作弊、剽竊、抄襲等學術不端行為或者其他不正當手段獲得的學歷證書、學位證書，學校應依法予以撤銷。

被撤銷的學歷證書、學位證書已註冊的，學校應予以註銷並報教育主管部門宣布證書無效。

第五十三條 學生的畢業證書及檔案只頒發一次，本人須妥善保存。

（一）若畢業證書遺失或損毀，經本人申請，由學校核實後出具相應的畢業證明書。畢業證明書與原證書具有同等效辦。申請辦理程序：

（1）學生必須在市（地、州）級以上公開發行的報紙登報，申明由西南財經大學頒發的×××姓名，×××專業，××××××號畢業證書，因遺失，或其他原因造成損毀作廢。

（2）學生本人提出書面申請，註明本人的出生年、月、日、籍貫，畢業證遺失的

時間、地點、原因等內容。

（3）將書面申請，申明作廢的原版報紙（不能裁剪），本人身分證（原件、複印件），近期二寸半身藍底正面免冠照片兩張，報學校核實辦理。

學歷證明書內容、格式、大小與畢業證書基本相同，有原畢業證書編號和簽發日期，有學歷證明書編號及簽發日期，並加蓋西南財經大學印章。

（二）若畢業檔案遺失或損毀，經本人申請，學院審核無誤後，出具學生成績單、學歷信息證明（不填寫及補發畢業生登記表），檔案密封後加蓋檔案補發印章。

第十章　非學歷轉學歷教育

第五十四條　非學歷教育轉學歷教育僅指部分在職人員為提升個人能力和專業知識水準，參加我校網絡教育相應專業的課程學習，並按嚴格按學校要求完成學習和考試。

第五十五條　進修（包括專業進修及課程進修）學生不在教育部進行新生學籍電子註冊，不具有正式學籍，屬於非學歷教育。

第五十六條　進修生在取得專科畢業證以後，須及時將專科畢業證書交所在站點審核。審核通過後，由學生本人填寫西南財經大學網絡教育非學歷教育轉學歷教育申請表，由所在站點簽字蓋章後將相關材料報學校審批，通過後方可轉為正式的學歷教育學生，並隨新的年級進行教育部新生電子註冊。

第十一章　附　則

第五十七條　為保證教學秩序，規範辦學行為，維護學生合法權益，各合作單位、站點可根據本規定制定相關實施細則或辦法，報學校批准後，作為本規定的補充規定。

第五十八條　本規定由西南財經大學繼續（網絡）教育學院負責解釋。

第五十九條　本規定自 2017 年 11 月 1 日起施行，原學籍管理規定同時廢止。

西南財經大學高等學歷繼續教育本科畢業生
學士學位授予實施細則

第一條　為貫徹執行《中華人民共和國學位條例》《中華人民共和國學位條例暫行實施辦法》《國務院學位委員會關於授予成人高等教育本科畢業生學士學位暫行規定》《四川省普通高等學校關於授予成人高等教育本科畢業生學士學位實施辦法》等有關規定，切實保證高等學歷繼續教育本科畢業生（包括成人教育函授及業餘，以下簡稱「成教」；高等教育自學考試，以下簡稱「自考」；網絡教育，以下簡稱「網教」）學士學位授予質量，結合西南財經大學（以下簡稱「學校」）高等學歷繼續教育的實際情況，特製定本實施細則。

第二條　學校高等學歷繼續教育本科畢業生學士學位授予由學校學位評定委員會辦公室（以下簡稱「學位辦」）統一負責，繼續（網絡）教育學院具體實施。

第三條　授予高等學歷繼續教育本科畢業生學士學位的對象。

（一）學校成教本科畢業生，即學校通過全國成人高考招收錄取的函授、業餘本科畢業生；

（二）學校主考的自考本科畢業生；

（三）學校網教本科畢業生。

第四條　高等學歷繼續教育本科畢業生申請學士學位須符合以下條件：

（一）在獲得本科畢業生證書後兩年內提出申請。

（二）完成所學專業教學計劃規定的課程學習，取得本科畢業證書。成教和網教本科畢業生，其專業教學計劃規定的考試課程總平均成績不低於 75 分；自考本科畢業生，其專業教學計劃規定的考試課程總平均成績不低於 65 分。網絡教育統考課程、體育課、畢業論文或畢業設計以及其他畢業實踐環節成績合格，不納入總平均成績計算。

（三）參加以下外語水準考試之一且成績合格。

取得本科學籍或考籍後，申請學位前，參加高等學歷繼續教育本科畢業生申請學士學位外國語水準考試（以下簡稱「學位外語考試」）。

（1）參加四川省教育考試院組織的四川省學士學位外語考試，且成績合格；

（2）學校在四川省外所設函授站、學習中心本科學生，可經本人申請，繼續（網絡）教育學院匯總上報四川省學位辦備案同意後，參加所在省市的學士學位外語考試，且成績合格。

四川省內全日制普通高等院校本、專科在校生參加學校主考和主辦的四川省高等教育自學考試本科階段學習，在取得考籍後，以在校生身分參加全國大學英語（CET）四、六級考試，成績達到 425 分及以上者。

明確不再統一組織學士學位外語考試的省份，在取得本科學籍或考籍後，申請學位前，參加所在省市教育主管部門相關文件認可的其他具有同等水準的外語考試，且成績合格。未指定的省份，參加全國英語等級考試三級（PETS-3）及以上等級筆試成

績合格；或曾有省級學位辦審核用以替代學位外語考試的其他考試，且成績合格。

（四）成教和網教本科畢業生，須參加學校學位辦組織認定的三門專業「主幹課程」考試，且成績合格。

第五條　高等學歷繼續教育本科畢業生，有下列情況之一者，不能申請學士學位：

（一）在讀期間嚴重違反學術誠信的或觸犯刑法受到處罰的；

（二）在紀律處分期內的；

（三）超過申請學士學位規定年限的；

（四）經學校學位評定委員會評定不授予學士學位再次申請的；

（五）學校規定不能授予學士學位的其他情形。

第六條　高等學歷繼續教育學士學位申請時間以當年學校通知為準。

第七條　學校高等學歷繼續教育學士學位授予工作程序為：本人申請、繼續（網絡）教育學院初審、學校學位辦復審、學校學位評定委員會審議通過後，報四川省學位辦備案。

（一）本人申請。

凡申請學校高等學歷繼續教育學士學位者，應在規定時間內登錄「西財在線」，提交網上申報信息，並打印所填報的西南財經大學高等學歷繼續教育本科畢業生學士學位申請信息確認表。

網上申報成功者應到繼續（網絡）教育學院進行現場確認，並如實提交以下個人申請材料：

（1）西南財經大學高等學歷繼續教育本科畢業生學士學位申請表（以下簡稱「申請表」）；

（2）高等學歷繼續教育本科畢業證書及身分證複印件；

（3）四川省學位辦頒發的學位外語考試成績合格證書原件或其他認可的具有同等水準的外語考試成績合格證明；

（4）自考本科畢業生學籍表。

（5）西南財經大學高等學歷繼續教育本科畢業生學士學位申請信息確認表。

（二）繼續（網絡）教育學院按規定對畢業生提交的申請材料進行初審和鑒定，並將符合申請條件的畢業生申請材料匯總後報學校學位辦。繼續（網絡）教育學院應向校學位辦提交以下材料：

（1）西南財經大學推薦授予學士學位的高等學歷繼續教育本科畢業生名單；

（2）申請者應提交的個人申請材料（一人一袋，以畢業生名單順序編號）；

（3）成教本科畢業生的省級招生機構錄取新生名冊，網教本科畢業生學校錄取名冊；

（4）本科專業教學計劃。

（三）學校學位辦復審通過後，將申請者名單及材料報學校學位評定委員會審議，審核通過後，授予學士學位，並造册報送省教育廳及省學位辦公室備案。

第八條　高等學歷繼續教育本科畢業生，如有學術不端、弄虛作假等行為，一經查實，將取消其學士學位申請資格；已獲學位者，校學位評定委員會將撤銷其學士學位。

第九條　本細則自 2017 年 10 月 1 日起執行。

第十條　本細則由西南財經大學學位評定委員會辦公室負責解釋。

教育部關於開展現代遠程教育試點高校網絡教育部分公共基礎課全國統一考試試點工作的實施意見

教高〔2004〕5號

各省、自治區、直轄市教育廳（教委），新疆建設兵團教育局，各現代遠程教育試點高校：

為了貫徹落實《教育部辦公廳關於現代遠程教育試點高校網絡教育學生部分公共課實行全國統一考試的通知》（教高廳〔2004〕2號），做好試點高校網絡教育部分公共基礎課全國統一考試（以下簡稱「統考」）工作，我部決定委託全國高校網絡教育考試委員會（以下簡稱「網考委」）開展統考試點工作。為保證試點工作的順利進行，提出如下實施意見：

一、統考試點工作要按照網絡教育應用型人才的培養目標，針對從業人員繼續教育的特點，重在檢驗學生掌握基礎知識的水準及應用能力。

二、在我部的領導下，由網考委負責實施統考試點工作。網考委下設辦公室（以下簡稱「網考辦」）、統考課程專家組和若干考區辦公室，各機構負責人採用任期制，由網考委主任任命。

網考辦作為網考委的日常辦事機構，主要負責組織落實統考試點的有關具體工作；統考課程專家組根據統考科目的需要設立，承擔制訂考試大綱、命題、題庫建設，對統考課程進行業務指導和統考質量分析等工作；考區辦公室負責考區的閱卷及相關工作。

統考考務工作在網考委的領導下，主要由「中央廣播電視大學現代遠程教育校外教學支持服務體系」承擔，中央廣播電視大學對考務工作負有領導和協調責任。

三、各地教育行政部門要對當地的統考試點工作進行指導、監督和協調，考區辦公室所在地的省級教育行政部門要指導當地的閱卷工作。考務單位要在考前和考後將考試實施方案和考試情況及時報告給當地教育行政部門。

各現代遠程教育試點高校要根據我部關於考試點工作的要求和網考委的具體部署，做好宣傳動員、報名、免考資格審查、參與題庫建設等工作。

四、考試對象為現代遠程教育試點普通高校的本科層次網絡學歷教育的學生和中央廣播電視大學「人才培養模式改革與開放教育試點」項目的本科層次學歷教育的學生。2004年3月1日以後（含3月1日）註冊入學的學生要依照本實施意見的規定參加統考，對2004年3月1日之前註冊入學的學生進行抽測。

五、統考科目按不同學歷起點和不同專業類別確定：

高中起點本科學生的統考科目是：

（一）理工類專業統考科目包括「大學英語（B）」「計算機應用基礎」「高等數學（B）」（數學專業考「高等數學（A）」）；

（二）文史法醫教育類專業統考科目包括「大學英語（B）」「計算機應用基礎」「大學語文（B）」（文史類專業考「大學語文（A）」）；

（三）英語類專業統考科目包括「大學英語（A）」「計算機應用基礎」「大學語文（B）」；

（四）藝術類專業統考科目包括「大學英語（C）」「計算機應用基礎」「大學語文（B）」；

（五）其他專業統考科目包括「大學英語（B）」「計算機應用基礎」，由試點學校在「高等數學（B）」和「大學語文（B）」中再任選一門進行統考。

專科起點本科學生的統考科目是：

（一）英語類專業統考科目包括「大學英語（A）」「計算機應用基礎」；

（二）藝術類專業統考科目包括「大學英語（C）」「計算機應用基礎」；

（三）其他專業統考科目包括「大學英語（B）」「計算機應用基礎」。

專科起點本科教育入學考試科目中沒有「大學語文」或「高等數學」成績的，按不同專業須加試統考科目「大學語文（B）」或「高等數學（B）」，考試科目的選擇同高中起點本科學生的專業分類。

六、關於免考的規定：

（一）已具有國民教育系列本科以上學歷（含本科），可免考全部統考科目；

（二）除計算機類專業學生外，獲得全國計算機等級考試一級 B 及以上級別證書者可免考「計算機應用基礎」；

（三）除英語專業學生外，獲得大學英語等級考試（CET）4 級及以上級別證書者、全國公共英語等級考試（PETS）三級及以上級別證書者、省級教育行政部門組織的成人教育學位英語考試合格證書者，可免考「大學英語」；

（四）入學註冊時年齡滿 40 週歲的非英語專業學生可免考「大學英語」；

（五）除英語專業學生外，戶籍在少數民族聚居地區的少數民族學生（界定標準見附件）可免考「大學英語」。

各試點高校要將本校免考學生名單公示並報網考辦備案。

七、統考公共基礎課的要求與高等教育本科學歷層次相應公共基礎課的要求相一致。統考試點工作由網考委統籌安排，全國統一大綱，統一試卷，統一考試，統一閱卷標準。

統考暫定每年組織兩次，考試時間在 3 月和 9 月。學生在修業年限內可以多次參加考試，每次參考門次由學生自定。試點期間的統考成績有效。

八、考試費用由現代遠程教育試點高校統一繳納。考試費應專款專用於統考工作，不得挪作他用。

九、試點期間，統考課程成績分為合格與不合格，合格標準由網考委確定，考試結果由網考辦公布。所有統考科目成績合格作為教育部高等教育學歷證書電子註冊資格的條件之一。

十、統考考試試卷（含答案及評分參考、聽力磁帶）啟用前屬於機密級國家秘密。根據《中華人民共和國保守國家秘密法》《中華人民共和國保守國家秘密法實施辦法》

及有關法律、法規，網考委制訂統考安全保密規定。

　　十一、網考委成立統考突發事件「應急領導小組」，建立考試信息溝通機制，快速有效地應對全國與地區、考點發生的突發事件。

　　十二、網考委對統考試點工作做出突出貢獻的單位和個人給予表彰。對參加統考的考生以及考試工作人員、其他相關人員，違反考試管理規定和考試紀律，影響考試公平、公正進行的行為，視情節輕重、影響大小分別給予相應的處罰。

　　網考辦和考區辦公室負責對考試違規行為進行認定與處理。

　　十三、網考委按照本意見制定統考工作管理辦法。

　　附件：免考「大學英語」的少數民族學生的界定

教育部
二〇〇四年十一月二十六日

國家圖書館出版品預行編目（CIP）資料

中國網路教育導論 / 李杰 主編. -- 第一版.
-- 臺北市：財經錢線文化，2019.05
　　面；　公分
POD版

ISBN 978-957-680-330-7(平裝)

1.電腦輔助教學 2.數位學習 3.中國

521.539　　　　　　　　　　　　　　　　108006735

書　　名：中國網路教育導論
作　　者：李杰 主編
發 行 人：黃振庭
出 版 者：財經錢線文化事業有限公司
發 行 者：財經錢線文化事業有限公司
E－mail：sonbookservice@gmail.com
粉 絲 頁：　　　　　　網　址：
地　　址：台北市中正區重慶南路一段六十一號八樓 815 室
8F.-815, No.61, Sec. 1, Chongqing S. Rd., Zhongzheng Dist., Taipei City 100, Taiwan (R.O.C.)
電　　話：(02)2370-3310　傳　真：(02) 2370-3210
總 經 銷：紅螞蟻圖書有限公司
地　　址: 台北市內湖區舊宗路二段 121 巷 19 號
電　　話:02-2795-3656 傳真:02-2795-4100　網址：
印　　刷：京峯彩色印刷有限公司（京峰數位）

　本書版權為西南財經大學出版社所有授權崧博出版事業股份有限公司獨家發行電子書及繁體書繁體字版。若有其他相關權利及授權需求請與本公司聯繫。

定　　價：250元
發行日期：2019 年 05 月第一版
◎ 本書以 POD 印製發行